ユング心理学研究 第4巻
昔話と日本社会

日本ユング心理学会
編

創元社

はじめに

　『ユング心理学研究』は、この第4巻で大きな区切りを迎えることになる。というのは、母体となっている組織に大きな変化が訪れるからである。その経緯を少し説明しておきたい。

　『ユング心理学研究』は "Association of Jungian Analysts, Japan"（略してAJAJ, http://www.ajaj.info/）の学術誌である。AJAJ は国際分析心理学会（IAAP）から承認されて2002年に設立された、ユング派分析家の訓練研究所の組織で、その主たる活動は将来のユング派分析家の訓練である。しかし、これまで日本語では「日本ユング心理学会」を名乗っていた AJAJ は 2011年末に《日本ユング派分析家協会》と名称を変え、来たる2012年4月、新たに《日本ユング心理学会》（Japanese Association for Jungian Psychology, JAJP）が別に設立される。《日本ユング派分析家協会》が分析家の集まりであり、心理療法家・ユング派分析家の訓練を主たる活動としているのに対して、《日本ユング心理学会》は、通常の学会のように、ユング心理学に関心のある研究者なら誰でも参加できるもので、年次の大会と学術誌を持つ。それに伴って、この『ユング心理学研究』は《日本ユング心理学会》の学術誌となる。従って本巻は、これまでの枠組みで刊行されるものとしては最後になって、第5巻以降は《日本ユング心理学会》の編集委員会から発行されていくことになる。

　新たに設立される《日本ユング心理学会》について、もう一点だけ指摘しておくと、通常の学会としての活動以外に、日本ユング心理学会「認定心理療法士」資格の認定事業を開始することである。その条件を満たすための分析、スーパーヴィジョン、セミナーなどは、《日本ユング派分析家協会》と連携していくことになる。またこの資格は、国際的なユング派分析家資格取得のための中間試験相当にもなっていて、互換性が計られている。

本巻は、社会学者である大澤真幸氏を招いて"河合隼雄の日本社会論"という題で、2011年3月に東京で行われたシンポジウムを主な内容としている。タイトルにもあるように、河合隼雄の『昔話と日本人の心』について解釈していきつつ、日本の昔話、および日本人のこころについて斬新な視点を提供してくれた大澤真幸氏の基調講演をここに収録できることは大変な喜びである。対象として現れた女性が主体になってくという河合隼雄のたどった思考および魂のプロセスを浮き彫りにした解釈、また西洋こそ女性を隠すのであって、日本は「鬼が笑う」の話のように、見せてしまうところがあるという指摘は非常に的を射ているように思われた。

　本巻には、特集にも関連して、ポール・クーグラー氏の講演"エラノスと分析心理学——河合隼雄にも触れつつ写真で歴史を振り返る"も収録されている。元型的心理学の流れに属し、また写真家でもあるクーグラー氏は、エラノス会議の歴史を写真で振り返りつつコメントをし、親しかった河合隼雄のことにも触れている。残念ながらこれだけ多くの写真を大きく収録するわけにはいかないので、やや不鮮明になったが、裏話を交えつつの貴重な記録になっており、また河合隼雄の足跡を知ることもできる。

　第2巻から始まったように、本巻にも、審査を受けた投稿論文がいくつか収録されている。それぞれ方法論も対象も様々であるけれども、ユング心理学に基づいた質の高い論文になっている。まず小木曽由佳による「ユング『赤の書』と『タイプ論』」は、文献学的な方法論に基づくものである。近年シャムダサーニ（『ユング伝記におけるフィクションと真相』）が指摘しているような、ユングに及ぼしたウィリアム・ジェイムズの影響の考察にとどまらず、『赤の書』の内在的な解釈によって、『タイプ論』にこれまでにない深みを読み取ることに成功している。橋本尚子による「主体の成立と他者の出現」は、アスペルガー障害男子との面接の事例研究に基づく論文である。近年は発達障害の増加に伴い、心理療法のパラダイムの変更を迫られる事態になっているけれども、前巻の渡辺あさよによる発達障害についての論文に引き続いて、本論文も、心理療法やセラピストの変化について大きな示唆を与えてくれる。最後に吉川眞理による「諏訪大社

ミシャグジ儀礼に関する分析心理学的考察」は、諏訪大社上社のミシャグジ儀礼において特に豊穣儀礼をとりあげ、そこでの「犠牲」に焦点を当てて論じたものである。犠牲については、ユングも度々取り上げたけれども、日本で心理療法を行う際に、日本古来の儀式の知識や理解が欠かせないので、この論文はその意味での貴重な寄与となっている。

　最初に述べたように、本誌は来年度から《日本ユング心理学会》の学術誌に移行する。新しく設立される学会の会員からの興味深い論考を待ちたい。学会誌でありつつ、ユング心理学への専門外の人々の関心も考慮して市販の形もまた続けたいと考えているので、今後も、興味深いテーマによる特集などを工夫できたらと考えている。
　最後に、本誌の編集に丁寧にかかわっていただいた津田敏之さんをはじめとする創元社のスタッフ、さらには編集委員会の仕事を献身的に支えてくれた AJAJ 事務局の内山薫さんに感謝したい。

編集委員長　河合俊雄

目次

はじめに　003

シンポジウム

基調講演「河合隼雄の『昔話と日本人の心』を読む」　　大澤真幸　013

はじめに
見るなの座敷
　　西洋の昔話との対比／何を「見てはいけない」のか／西洋の宮廷愛
禁止のトリック
　　飯くわぬ女
異類との交わり
　　鶴女房
受動的な対象としての女
　　女の憂鬱／ブルーベルベット
女はいかにして主体性を獲得するのか
　　鬼が笑う／女の主体性／手なし娘／意志を獲得する女性／火男の話／炭焼長者／「否定神学」と「肯定神学」

討論──基調講演を受けて　　指定討論者　河合俊雄・川戸圓　041

主体の立ち上がる瞬間
　　無境界のなかの肯定／心理療法論との接点／クライエントが立ち上がるとき
三本の補助線であらたに見えてくること
　　結婚ということを含むか含まないか／境界から離れるとは／ディプレッションと時間

追悼文

ジェームス・ヒルマン博士の最後の日々を共にして　　樋口和彦　061

講演録

エラノスと分析心理学──河合隼雄にも触れつつ写真で歴史を振り返る

　　　　　　　　　　　　　　　　　　　　　　　　ポール・クーグラー　073

論　文

研究論文

ユング『赤の書』と『タイプ論』　　　　　　　　小木曽由佳　103

主体の成立と他者の出現
　　──児童期にアスペルガー障害と診断された14歳男子との面接経過
　　　　　　　　　　　　　　　　　　　　　　　　　　橋本尚子　122

諏訪大社ミシャグジ儀礼に関する分析心理学的考察　その2
　　──上社豊穣儀礼における犠牲について　　　　　　吉川眞理　143

『ユング心理学研究』投稿規定（2010年11月改定）　162

ユング心理学研究 第4巻
昔話と日本社会

表紙絵　竹原春泉「繪本百物語：二口女」
　装丁　濱崎実幸

シンポジウム

基調講演 「河合隼雄の『昔話と日本人の心』を読む」

大澤真幸
Thinking「O」主宰

はじめに

　ここでは、河合隼雄さんが1982年に出された『昔話と日本人の心』(岩波書店) という有名な本を題材にしながら、日本文化論について考えたいと思います。僕はこの本が出たときにすぐに読んで非常に強い印象をもち、それについて考えてみたいとずっと思っていました。ただ、僕の読み方は、ユングを専門に研究していらっしゃる方々の思考パターンとは若干違うかもしれません。そのあたりをうまくチューニングしていただければと思います。

　この本はタイトルのとおり、昔話を類型化しながら日本人の心の構造を河合さん流に解明しています。その際、漠然と日本人の心を考えるのではなく、ひとつの基準を入れて、解釈の座標軸にしています。それは「女性」「おんな」という基準です。"昔話のなかで「女性」がどのように扱われているのか、どのように語られているのか"という観点から読み解くスタイルになっているわけです。「日本の昔話は『男性の目』ではなく、『女性の目』でみるとき、その全貌が見えてくるように思われる」と書かれているように、女性という軸が入っているのです。

　この本は全部で九つの章に分かれていて、各章が昔話のひとつの類型に

なっています。しかも、ただ何となく九つではなくて、全体に緩やかな筋がついています。つまりこの本は、昔話を集めて分析しながらも、全体として河合さん流のひとつの物語をかたちづくっているのです。"物語のなかで描かれている日本人の女がいかにして主体性を獲得していくか"という筋になっていて、互いに関係ない昔話を扱っているはずなのに、何となく一連の話を読んでいるような構造になっているのです。

　ですから、日本の昔話を主たる材料にしながら、まずは日本と関係なしに"「おんな」あるいは「女性」がいかにして主体化するか"という、ある意味で一般的な問いも提示されています。それとの関連で、"日本人の心の構造はどうなっているのか"という問題を同時平行的に考えていこうと思います。

　社会学の立場から、書いてあることをそのまま紹介するのではなく、どのようにアレンジし直していくかを見ていただきたいと思います。

見るなの座敷

　最初の章がある意味で一番重要です。その第一章でこの話をとりあげたところに、著者のある種のセンスを感じます。まず、《見るなの座敷》というタイトル。このようなタイプの昔話は日本じゅう至るところで採集されています。これを最初にもってくるのは、なかなか勇気がいることです。なぜかというと、ものすごく単純で、こんな簡単な話は面白くないのではないかと思うほどだからです。ですから、これをベースに持ってくるのは、かなり確信がないとできないことだと思うのです。

　まず、男が、森とか、山の中とか、村の外に出ます。その男が、どういうわけか、普段から行っているような森で、見知らぬ大きな屋敷を発見します。その屋敷には、美しい女性がいます。その女性が「ちょっとこれから出かけるので、留守をお願いします」と男に依頼して出かけてしまうの

ですが、女はひとつ重要なことを言い残すわけです。ある座敷について、それだけは決して見てはならないと。男はそれを承知するのですが、その部屋のことが気になって仕方がない。結局、誘惑に負け、禁を犯して部屋を覗いてしまいます。中に何があるかは少しずつ話によって違うのですが、男が部屋を覗いたことが、女が戻ったときに明確な痕跡によってわかってしまうわけです。そして女は、男が約束を守らなかったことをすごく悲しみながら去っていく、という話です。去るときに女は、そのままの場合もあるのですが、たいていは姿を変えます。一番多いパターンは、うぐいすやトビなどの鳥で、この本によれば鶏などという例もあるようです。

具体例として、岩手県の遠野地方の、〈うぐいすの里〉と名づけられた昔話が全文載っています。禁止を課せられた男は、それでもいろいろ部屋を見たくなります。ずっと見ていくと、すばらしい調度品などがあります。最後に一番重要そうな奥の部屋を開けると、そこには卵が三つあるのです。手に取ると、どういうわけか三つ連続で落として、全部だめにしてしまいます。それは後で考えてみればうぐいすの卵なのですが、女が戻ってくると、自分の子どもが全部壊れてしまっているわけです。それで嘆いて、うぐいすとなって去っていくのです。

これは非常にシンプルな物語ですが、ほとんどの類似の昔話は、この物語のある種のバリエーションなのです。

西洋の昔話との対比

これは日本じゅうで非常にたくさん採集されるタイプの昔話だそうですが、外国——主として西洋——にも同じようなお話があるかといえば、河合さんの分析によればあまりないそうです。少し厳密に言えば、「部屋を見てはいけない」というエピソードが入っている昔話や神話の類は、ヨーロッパにもあっても、それは日本の《見るなの座敷》とは非常に違っているということです。

日本の《見るなの座敷》では、「見るな」と禁止するのは必ず「おんな」です。そして必ず「おとこ」が禁を破る。部屋には色々きれいなものがあります。そして、約束を守らなかったからといって、「おとこ」に強いサ

ンクション（sanction）＝罰が加わるわけではなくて、しいて罰といえば、きれいな女性が去ってしまうことです。この女性にちょっと気があったに違いないと、そう思われます。それに対して西洋バージョンでは、必ず男性のほうが禁じ、その禁止を破るのが女性なのです。そのなかにはたいてい、おぞましいもの——典型的には死体——が入っています。そして、禁止を破ったということで、厳罰が加えられます。たいてい死刑が宣告されます。ただ、昔話ですから、助ける別の男性が現れ女性を救うという結末です。

　こうして見ると、西洋バージョンと日本バージョンでは、まったく裏返しと言ってもいいくらいに違います。ですから、きわめて鮮やかな対照になるのですが、僕はこの件に関しては、若干、河合さんのやり方に違和感を感じます。というのは、これは比較として適当だったのかということです。西洋バージョンのお話は、たいていは非常に長い話です。日本バージョンは、ものの二分くらいで終わってしまう。子どもに聞かせるとき、子どもから怒られるくらい簡単なお話なのですが、西洋バージョンでは、長いお話の中に、その部屋を見てはいけないお話が組み込まれているのです。一見同じモチーフであるがゆえに対比させたくなるのですが、僕は、ここで比較はしないほうがいいと思うのです。

　日本の話は非常にシンプル、ベーシックでエレメンタリーなもので、「見るな」という禁止が物語の中心的な要素になっていますが、西洋のものは複雑な、起承転結の激しい物語で、しかも《見るなの部屋》はそのなかのひとつのエピソードに過ぎません。悪い夫によって窮地に陥った女がヒーローに救われるというところがポイントなのであって、部屋を見てしまうくだりは、女を窮地に落ち込ませるためにつくられた前段階です。日本の、見てはいけない部屋を見てしまったことによって女が去っていくお話とは、若干ポイントが違うのではないでしょうか。

何を「見てはいけない」のか

　そこでいま、西洋版の《見るなの屋敷》はいったん棚上げにして、一番シンプルな、日本バージョンの《見るなの座敷》の、「見てはいけない」

という禁止について考えます。"決定的なものは断じて見てほしくない"という禁止は、昔話という前提は抜きにして、「おんな」とか「女性」というものを非常に強く特徴づける命題ではないかと思うのです。

　これは、それほど複雑なことを言っているわけではありません。偏見ではないかと誤解されるので挙げにくい例ですが、例えば、僕らは裸を見られるのを嫌がります。なかには見せたい人もいますが、それは屈折して見せたいわけで、普通は裸を見ないでほしいから、みんな服を着るわけです。だから、「わたしの体を見るな」の禁止は、皆、わかっているわけです。衣服は、いわば"見るなの禁止"の実体化です。その、見てはならないとされている体は、どちらかといえば女性のほうに強くあって、つまり、見てはいけないとされる対象は、男性の身体以上に女性の身体なのです。ですから、何か決定的なものに関して、それを見てはならないという禁止は、いわば女性というものの非常に重要な特徴なのです。「見るな」の禁止が、女性のほうが男性よりも圧倒的に強くかかるところに、非常に重要な特徴があるのです。

　逆に言うと、裸を見られるということは、それだけでもかなり暴力的な侵犯行為です。ですから特別な人——つまり配偶者や恋人——にだけ裸を見せるわけです。そこで、この"見るなの禁止"は、とりあえず西洋の話は置いておいて、むしろ一般論として、おんながおんなであるということ、あるいは〈女性性〉というものと深くかかわっている基本的な命令だということを頭に置いておいてほしいのです。河合隼雄さんの『昔話と日本人の心』は、この「おんなのおんなたるゆえん」のエッセンスを一番圧縮した昔話から入っているわけで、そういう意味で、僕は非常にセンスのあるスタートだと思います。

　そうすると、実際のところ、何を見てはいけないのでしょうか。あるいは、なぜ見てはいけないのでしょうか。《見るなの座敷》のなかには何かがあるのですが、それは見てはいけない。物語では「うぐいすの卵」であったりするわけですが、一種の心理的なメタファーですから、いったいそれは何のメタファーなのでしょう？《見るなの座敷》のなかに入っているものはいったい何なのか？　この本はそれをしっかりと見定めていく仕

組みになっています。

西洋の宮廷愛

　先ほど僕は、西洋バージョンの《見るなの部屋》のエピソードが入っている物語を取ってきて対応させるのは、ちょっといかがなものか、という話をしました。今度はそれを離れて、日本における《見るなの座敷》に対応する西洋的な現象を紹介します。河合隼雄さんの本には書かれていないことですが、ちょっと補助線として入れておきたいのです。

　決定的なものを見てはいけないというのは、「おんなのおんなたるゆえんの部分」を見てはいけないということです。これに比較すべき西洋側の対応物として、中世のコートリー・ラブ（courtly love）＝〈宮廷愛〉を出してみたいと思います。これは非常に比較として面白いのです。西洋の中世には、特定のパターンの〈宮廷愛〉が認証されたり、書かれたり、おそらく実際にもそれと大同小異の愛の関係がありました。ただ、多分に物語のほうは粉飾され美化されているとは思いますが。

　この〈宮廷愛〉は中世に非常に一般化し、典型的なパターンがあります。〈宮廷愛〉では、必ずナイト——中世封建社会の騎士の男性——が貴婦人を好きになります。そこで重要なことがひとつあって、必ず騎士よりも貴婦人のほうが身分が高いのです。その貴婦人は、身分の高い人と既に結婚しており、騎士と貴婦人の関係は必ず不倫です。騎士は貴婦人を純粋に好きになるのですが、貴婦人は、こいつはどうかと思うような性格の悪い人が多くて、騎士に無理難題を吹っかけてくる。けれども、騎士はそれに次々と対応していかなければならない。

　じつはこの〈宮廷愛〉には、非常に重要な特徴がひとつあります。絶対的な条件といってもいいのですが、「二人は結ばれてはいけない」のです。つまり〈宮廷愛〉は絶対に成就しない。騎士の立場から言えば、思いを遂げて貴婦人と結ばれることにはならない。このことが、非常に重要なのです。たとえば〈宮廷愛〉の最も有名な『トリスタンとイゾルデ』という中世の物語は、非常に起伏に富んだおもしろいお話です（ちなみに〈宮廷愛〉については、ドニ・ド・ルージュモンという人の『愛について』とい

う特に有名な本があって、これは実証的にいろいろ批判はされつつも、かなりすぐれた考察をしています）。

　『トリスタンとイゾルデ』を読んでいると、はっきりいって歯痒いです。トリスタンという騎士が、イゾルデという女性を好きになるのですが、イゾルデはマルクという王様の奥さんなのです。どう見ても、トリスタンが登場人物のなかで圧倒的に有能で強くて、素晴らしい。とくにマルク王などは全然だめな男で、トリスタンがその気になればいくらでも王を倒してイゾルデを取ることができる。もう取れそうなところまで来ているのに、彼はいつまで経っても決定機を逃し続ける。取れるのにわざわざ返しているという感じです。

　なぜ西洋の《見るなの部屋》の話と比べておもしろいかというと、つまりこれは、セックスをはじめとする「最終的な結合」に至ってはいけないということなのです。「結ばれてはいけない」という〈宮廷愛〉の絶対的な禁止があるわけです。いわば、《見るなの座敷》の拡張バージョンです。つまり、おとこにとっての「なにか知らないけれども、見てはいけない、入ってはいけない、近づいてはならない」一番重要なものこそが《見るなの座敷》なのです。同様に〈宮廷愛〉でも、おとこはおんなに、究極的には踏み込んではいけない。そこに到達してはいけないのです。《見るなの座敷》は「見る」行為だけに限定していましたが、それをさらに一般化すれば、「おんなに近づくな」という命令になるわけです。ですから、〈宮廷愛〉の話はある意味で、"見るなの禁止"との比較に値する特徴をもっているのです。

　さて、ここで宮廷における騎士と貴婦人の情熱的な恋愛と、《見るなの座敷》を比べてみましょう。〈宮廷愛〉のなかでは、絶対に結婚は成就しません。ところが、河合隼雄先生は『昔話と日本人の心』のなかで、〈宮廷愛〉よりもっとプリミティブな、民衆に伝わっている昔話について、繰り返しこういうことを言っているのです。西洋の昔話では、結婚は非常に重要な意味合いをもっていて、ヒーローが最終的に結婚するという場合が多く、結婚によってハッピー・エンドを迎える話が非常にたくさんあります。それに比べて日本の昔話は、概して結婚に無関心です。結婚が主題に

なっている話もあるものの、とにかく、あまり結婚してハッピー・エンドであるとか、そういうことに重要なウェイトがかかっていません。

　日本の場合は「おんな」とはただすれ違うだけで、たぶん「おとこ」としては、ちょっと気があるぐらいに思っていたのでしょうが、「おんな」はあっという間に消えてしまい、「おとこ」もストーカーのように追いかけることもありません。このように、結婚には無頓着です。それに対してヨーロッパの昔話は、概して結婚を重視する傾向があります。ただ〈宮廷愛〉は、ヨーロッパの話ではあるけれども、例外的に、結婚には絶対に至らないお話なのです。

　ところで、ヨーロッパの各地にある昔話は、結婚が主題になっています。ところが日本では結婚は主題にならならい。〈宮廷愛〉も結婚をしない。そうすると、日本の昔話は、どちらかというと西洋の昔話よりも〈宮廷愛〉に似ているということになるのでしょうか。結婚が不発に終わるという点では同じですから、表面的に見ると、似ているのではないかと結論したくなるのですが、普通に読めば、そう簡単にはいきません。

　つまり、結婚に至らないからといって、日本の昔話に似ているなどと考えたら大間違いなのです。なぜかというと、『トリスタンとイゾルデ』にしても、一般の〈宮廷愛〉においても、常に二人は「結ばれることを熱望している」わけです。にもかかわらず成就しない。つまり〈宮廷愛〉では、結婚に至らないにもかかわらず、結婚への欲望は猛烈にもっているということが重要なのです。それに対して日本の昔話は、《見るなの座敷》に限らず、多くの日本の昔話は、概して結婚に無頓着です。「どちらかといえばしたいけれど……」くらいで、結婚に対して情熱が乏しい感じなのです。ですから、結婚ができないというだけで日本の話に似ているとは到底言えないのです。

禁止のトリック

　さて、そうすると、当然ひとつの疑問が湧いてきます。そこまで結ばれることを欲しているのに、なぜそれが、かくも厳しく禁じられているのだろうか？　宮廷愛において、絶対に結ばれることが回避されるのはなぜだろうか？　ここではたらいている心のメカニズムはいったい何なのだろうか？　ということです。

　これについてはうまく説明できるかわかりません。説明じたいは簡単なのですが、どうしてそう考えるかという経緯を説明するのが難しいのです。ここで、ひとつ仮説を提示しておきます。「このような絶対的な強い禁止というのは、いわば自分の心に心が仕掛けている、一種の詐欺的な罠ではないか」という仮説です。

　恋愛でなくてもいいのですが、たとえばここに大きな衝立があって、「この先には絶対入ってはいけない！」という強い警告が書いてあるとします。そうすると僕らは、「その先にはよほど重要なものがあるに違いない」と思うわけです。禁止を課すと、本当は何もなくても、向こう側に大事なものがあるかのように見えてくるわけです。

　あるいは、不可能なことを禁止されると、僕らは「それは本来可能なことなのに、禁止されているからできないだけだ」と考えてしまうのです。またあるいは、存在しないのだけれども、「それが手に入らないのは禁止されているからだ」と思い、存在しないからだと思わずに済む。つまり、"禁止"という手法は、非存在を存在に変えたり、不可能を可能に変えるトリックになりうるのです。

　本当は不可能なことを可能であるかのように見せるには、どうしたらいいか。禁止すればいいのです。〈宮廷愛〉では、ある意味で真の女と結びつくことは、本来は不可能なのです。しかし"禁止"をつけることで、可能なことなのにできないと思うようになったわけです。

　そうすると、ここで問題にしたいのは、「結びつくことができない、本

来的に存在しない"おんな"なるものは、いったい何なのか？」ということです。"禁止"によっていかにも存在しているかのように見せかけなければいけない、この「本来的に不可能なもの」とは何なのでしょうか。

　そのことを考えるのに、〈宮廷愛〉から、今度はもういちど日本の昔話に立ち返ってみたいと思います。つまり、〈宮廷愛〉の物語のなかで隠されているものが何であるかということを、僕の考えでは、日本の昔話は、いともあっさりと教えてくれるのです。〈宮廷愛〉における「セックスの禁止」に対応するのは、《見るなの座敷》の「見るな」です。禁止が入っているわけです。何かというのは、ここに対応するのです。この何かを探し当てるための旅が、いわば『昔話と日本人の心』という本のひとつの隠れた筋になっていて、それが色々なかたちで出てくるわけです。

飯くわぬ女

　ひとつは《見るなの座敷》の転形版ともいえる、これも非常に有名な〈飯くわぬ女〉という物語です。これは、見てはいけない女性を見てしまうお話なのです。「もの食わぬおんなは、じつは何でも食うおんなだった」というのがこのお話のオチです。主人公は、だいたいは少し結婚適齢期を超えているけれども、あまり結婚への意欲をもっていない四十歳ぐらいのおとこです。そのおとこは、「何も食べない、金のかからないおんなだったら嫁に取ってもいい」などと調子のいいことをいつも言っているわけです。あるとき、彼のところに美しい女性が訪ねてきます。その女性は、自分は何も食べないから結婚してくれと言う。これは願ってもないことで、望みどおりの嫁を獲得するわけです。〈宮廷愛〉においては、男は女と結ばれることを熱望しているのに絶対に果たせませんが、〈飯食わぬ女〉では、男は結婚に対して非常に消極的なのに、簡単に結婚できてしまうのです。

　この「食べない」ということに考察を加えておきましょう。河合隼雄さんもそれに近いことを書いていますけれども、「食」は、人間が外界にかかわるときの一番基本的なことです。ですから、「食」という一番基本的な関係すら外界と取り結ばないということは、ある意味では「外と一切関

係をもたない」ということになるわけです。何かが存在しているというのは、他のものと関わっていることこそを意味しているわけですから、外のものと一切かかわりのない——食べない——おんなというのは、いわば「存在しないおんな」だと、形而上学的にはそのように言っても言い過ぎではないと思います。

　ともかく、ものを食わないおんなを、おとこは嫁にします。このあとが大事なのですが、おとこは友だちの忠告などによって、おんなに少し疑惑を抱くのです。そしてある日、出かけるふりをして密かに家に戻り、おんなが一人で部屋にいることろを覗き込むわけです。これは《見るなの座敷》の部屋を覗くのと同じ状態です。すると、そこに驚くべき光景が展開します。なにも食わないおんなが、何もかも食っていたのです。

　この本では広島県安芸郡のお話が引用されていますけれども、おんなが髪の毛をパサッとほぐすと、頭の上には大きな口が開いていて、おんなはそこに大量の握り飯や焼き魚などをどんどん投げ込んで食べていたのです。嫁にしたおんなは、きれいなもの食わぬおんなではなく、山姥で、このあと、このおんなから追いかけられて逃げたり、何とか辛うじて助かったり、というような話が続くわけです。つまり、このお話では、この「何もかも食べてしまうおんな」が"見るな"の対象だったのです。

　河合隼雄さんはこれについて、グレート・マザー、原初的な母なるものには二重性があるとおっしゃっています。ポジティブな側面と、脅威になるネガティブな側面という二重性です。だから、きれいなおんなに見えたものがじつは山姥だったという二重性は、このグレート・マザーがもっている「慈愛」と「脅威」の二重性に対応していると分析されています。先ほどのお話では、おんなが髪の毛をほどくと、そこにでっかい口が開いているわけです。想像するだけでも恐ろしい光景です。

　先ほど、「"見るな"とされる対象の典型は、おんなの裸である」と言いましたけれども、考えてみると、人間にとっては裸でさえも、まだ真の裸ではないと思うのです。僕らは、じつは皮膚の下にいろんな内臓があったり、血が流れたり、血管があったり、ある意味おぞましいいろんなものがあることを知っています。しかし、皮膚を見るときに、その向こう側に

そういう、怖いどろどろしたものがあることに対する判断を停止するわけです。つまり、裸を見ているときには、皮膚の下に隠れているものについて想像したり、見ようとしたりしない。現に見えない。ということは、ある意味で、皮膚でさえも、ある種の服なのです。一番おぞましいものを隠すために使われている、肉に着る最後の服であるという感じがするのです。そうすると、皮膚に開いて体の中まで見えてしまう大きな口は、普通の意味での裸のさらに奥にある身体の内部まで露出してしまう、もっとおぞましい「裸以上の裸」というイメージを僕はもつのです。

　また、先ほど「何も食べないということは、いわば人間の外界に対するミニマムな関係すらもたないということだから、人間として、あるいは生物として、存在していないに等しい」と言いました。それでは、何もかも食べるおんなはどうでしょう。何もかも食べるおんなも、やはりある意味で、存在の否定だと僕は思うのです。存在するということは、外と内とを分けることです。つまり、自分に成りきれるものと成りきれないものとのあいだに"境界線"があるから存在する。何もかも食べてしまって、自分のなかにすべてを飲み込んでしまうものというのは、自分の内と外とを分ける"境界線"をもたないわけだから、やはりひとつの「無」というか、「存在しないもの」と言ってよいと思うのです。

　宮廷愛が、「禁止」の設定によって、否定的にその存在を暗示しているもの、それこそ、何もかも食うおんななのではないか。そういう仮説を立ててみます。そのおんなのあり方を、日本の昔話にそって——ということは河合隼雄さんの分析にそって——もう少し見ておきましょう。

　河合隼雄さんによれば、「もの食わぬおんな」のさまざまなバージョンには、この山姥がじつはクモであったという話がたくさんあるそうです。クモは網をかけて獲物を引き込むわけですから、山姥のように「いろんなものを自分のなかに取り込んで食べてしまう」という比喩にもつながってきますけれども、同時に、クモは糸を紡ぎます。クモの糸は、織物へと連想を導きます。紡ぐのは「運命」という織物かもしれない。「もの食わぬおんな」というのは、じつは、「糸を紡ぐおんな」でもあるのです。

異類との交わり

　このように考えると、このお話は、もうひとつの日本の昔話の類型と関係してきます。それは、河合隼雄さんの本のなかでもひとつのハイライトとなる、《異類婚》という類型です。人間以外の動物と結婚する異類女房譚というタイプのお話と関係があるのです。《異類婚》の話は、河合さん的な観点からすると、日本の昔話としては若干珍しいと言わざるを得ません。なぜかというと、日本の昔話は概して、結婚というものを重要な主題にしていないのですが、異類婚だけは、結婚が非常に重要な話題になるのです。
　では、この「動物の奥さんをもらう」というお話は、結婚が話題になるくらいだから、ヨーロッパの昔話に似ているのでしょうか。ところがそれが、まったく違うのです。この《異類婚》こそ、この本に載っているもののなかで最も日本的で、日本とその近隣にしかない、きわめて特異な、ヨーロッパにまったく見られないタイプのお話なのです。

鶴女房

　《異類婚》としては、たとえば木下順二の『夕鶴』——「鶴女房」という昔話をアレンジしたもの——が非常によく知られています。この話は、男が何かの理由でたまたまツルを助けた話で、浦島太郎と同じですね。ただ、僕は、このツルを男が助けたという部分は、後世のつけ足しである可能性が高いような気がしています。つまり、一番バージョンの古い、シンプルなものは、ちょうど先ほどの山姥の話と同じで、あるいは、「うぐいすの里」と同じで、おんなが理由もなくおとこのところへ来たのではないかと思うのです。けれども、なぜ来たのかということになると、訪ねてきた理由をつくらなければいけないので、昔いいことをしてやったという話、ちょっと仏教説話的な因果応報の話をつけたのではないでしょうか。ただしこのあたりは、実証的な根拠がないので置いておきます。

「鶴女房」では最初、主人公のおとこがツルを助けます。その晩に、きれいなおんながやって来ます。そのときはぜんぜんツルだとわからないのですが、とにかく、おんながいきなり結婚を申し込むわけです。こういうきれいな人にいきなり申し込まれる話が非常に多いわけですが、おとことしては、最初は「いくらなんでもあんたみたいなきれいな人は」などと言いつつも、おんながぜひともということなので、結局受け入れます。

しばらくすると、おんなが部屋の奥に閉じこもって「けっして戸を開けないでくれ」と言います。これで例の《見るなの座敷》の話になるわけです。そして二、三日すると、おんなは――先ほどのクモのことを思い出してほしいのですが――織物を織って出て来ます。それで「これは高く売れるから」「殿様に持っていったらお金になるから」とか指示します。実際、きわめて高い値段で売れるのです。ここでやめておけばいいのですが、おとことしては、もうちょっと欲しくなったり、もうひとつ無ければ困る事情が生じたりして、おんなにもう一度つくってくれと頼むわけです。

おんなは少したじろぎますが、承知します。ただし、また「見てはいけない」と言って奥の部屋に閉じこもります。ここで、おとこは我慢ができなくなって部屋を見てしまうのですが、そこにはツルがいて、自分の羽根を剝いで織物にしているわけです。この羽根を剝ぐというのが、皮膚を剝いで、内側まで見せてしまうという感じがします。そしておんなは、恥ずかしい姿を見られてしまったからと言って、家を出るのです。おとこがこのとき、ちっとも止めないところがすごいですね。

河合隼雄さんの本には、鹿児島県の薩摩郡というところの「鶴女房」の話が全文載っています。おんなが去ったあと、この薩摩のおとこの場合は普通のおとこよりは粘り強さがあって、去った奥さんを、全国津々浦々、歩きながら捜し回ります。どういうわけか見つかって、かつての奥さん、実際のツルに会うのです。そのツルは、もう全部羽根が抜けて素っ裸になっているわけです。ツルの王様でみんなに囲まれているんだけれども、せっかく再会したら、もう一回関係を取り戻せばいいのに、どういうわけか、おとこはまた帰って行ってしまいます。

さて、もうおわかりのように、この異類女房のお話も、最初の《見る

なの座敷》の非常にシンプルな拡張版です。考えてみると、《見るなの座敷》でも、女は立ち去るときにうぐいすなど鳥に変わる場合が多いのです。つまり、「"見るな"の核心にいたおんなが、じつは鳥だった」という話は、けっこうあるのです。

　この話は非常に日本的で、ヨーロッパには本来、動物と結婚する話はほとんどありません。たまにある動物と結婚する話は、たいてい、典型的には「美女と野獣」です。美女は野獣と結婚せざるを得ないのですが、じつは野獣は人間の仮の姿なのです。つまり、本性は人間のほうに置いてあるのです。ヨーロッパの場合だいたい、人間だった人が魔法か何かによって動物にされていて、その魔法を解くには愛が必要だと。そして結婚して、おんなとの愛の関係が成立した途端に人間に戻るのです。ですから、結果的には、動物と結婚しなくて済むのです。

　そうすると、"見るな"をはじめとしてすべての"禁止"の対象になっていたものは何なのか。つまり、「おんなのおんなたるゆえん」は何なのか。この動物と結婚する話が如実に示しているように、いわば人間ではないもの、異類こそが、究極の"禁忌"の対象になっています。つまり、おんなには、ツルとかクモとか、人間というものの定義をどこか超える部分があると。人間というものをどこか超えていく何かがあるのです。その何かが「究極の禁止」の対象になっているのではないかと考えられます。

　西洋と日本とを比べると、西洋は、この「究極の禁止」の対象を見えなくするために"禁止"を余儀なくされています。日本は、禁止されているものを、あっけらかんとわかりやすくお話にして示してくれています。「おんなには、どこか人間を超えたものがある」というイメージです。ですから、人間どうしの関係であれば可能だけれども、人間を超えたものとの関係は不可能だったと。関係が不可能だということを隠蔽するために禁止をかけるという構造です。

受動的な対象としての女

　おとこは日本の昔話では、"見るな"の約束を破って、おんなの恥ずかしい姿を見てしまいます。おんなは「裸以上の裸」つまり動物としての側面のようなものを見せてしまう。そうして、おんなは恥ずかしくて去って行く。こういう状況を河合隼雄先生は、日本人のいう〈あわれ〉ではないかと分析しています。この〈あわれ〉というのは、見た人がそう感じるわけです。あるいは、僕らが第三者としてこの話を聞いたときに、「おんなは、あわれだな」と思うわけですが、その〈あわれ〉な状況に置かれた女自身がその気持を内面化すると、「うらみ」や「怒り」などの感情へと転化していくのです。

　そして、ここまでのお話は、常に女は受動的な、パッシブ（passive）な対象なのです。本論では、「女の主体性がどのように出てくるのか」ということをテーマにしています。なぜかというと、河合隼雄さんの本が、全体としてそういうことをテーマとして捉えているわけです。ということで、最終的には同じところに到達するのですが、ルートを変えつつ話を進めていきたいと思います。

女の憂鬱

　ここで、〈宮廷愛〉よりももっと意外な補助線を入れてみましょう。これは、さきほどの、おんなのあわれ、「うらみ」「怒り」といった負の感情に少し関係があるのですが、〈女の憂鬱〉というお話です。それを一般的に考えたいわけではなく、ある特定の例を引きつつつなぎに使いたいと思います。〈女の憂鬱〉、英語では「フェミニン・ディプレッション（feminine depression）」です。デイヴィッド・リンチ（David Keith Lynch）という有名な映画監督がいます。好きな人は好きですが、そうでない人は正視に堪えないというような、マニアックな作品で知られています。彼の映画について、ミシェル・シオン（Michel Chion）というフランスの、映画や映

音楽の専門家が『デイヴィッド・リンチ』という本を書いていて、そのなかで、リンチの映画における女の憂鬱について論じています。この部分が非常に面白いのです。

ミシェル・シオンは、リンチの映画で、「結果には必ず原因がある」というごく当たり前のつながりのなかに、なにか微妙な違和感が存在するのが特徴であると言っています。少し具体的に説明すると、たとえば、おことおんなで一番この乖離がはっきりするのは、性の関係においてであると。つまりセクシュアル・インターコース（sexual intercourse）とか、セクシュアル・リレーション（sexual relation）。性の関係において、アクションとリアクションのあいだに、なにか撹乱要因が入る感じがすると。おんながセックスにおいて何らかの快楽を得るのはリアクションです。このリアクションは、おとこのおんなに対する愛撫などの行為の結果であると見ると、おんなの快楽はすべておとこの行為の結果として解釈できます。にもかかわらず、なにか、結果となる快楽のほうには、原因となる行為に全部回収しきれないプラス・アルファがある気分がする。このことが、違和感があるということなのです。

では、何がプラス・アルファなのかと聞かれると、それは言いにくい。たとえば、おんながいろんなところで快感を覚えています。そのときの快感には、すべてそれに対応するおとこの行為や言葉があるわけです。だから、おんなの快楽のどの要素を見ても、おとこの行為のなかに説明できる対応物があるので、説明できないプラス・アルファがあるわけではないのです。しかし、こうして全部対応していても、何か物足りない感じがする。何が物足りないのか。それは、このように考えるといいのです。

たとえば、あるとき、どこか愛撫されると気持がいい。けれども、同じことをやって、すごく感じる日もあれば、ぜんぜん感じない日もある。つまり、おんなのほうは予想外の反応をするのです。同じことをやっているのに、確かに別の反応をするということは、アクションによっては説明できない何かがあるということです。それをやったら必ず同じ快感が引き出せるわけではないのです。そうすると、原因と結果は確かに因果関係で結ばれているのに、リアクション側に、アクションで説明できない何かがあ

る気分がする。このようなコーザリティ（causality）というか、因果関係のなかにある、ある違和感というかギャップのようなものが、リンチの映画のいたるところに出てくるというのが、ミシェル・シオンのひとつの重要な主張なのです。

ブルーベルベット

　そして、この行為と反応、原因と結果の間の微妙な不整合が最も大きくなるのが、リンチの映画においては「女の憂鬱」（という結果）においてなのです。そのことを、リンチの映画のなかでも最も有名なシーンで説明します。それは『ブルーベルベット』という、これもいろいろ賛否両論分かれた映画に出てきます。筋を知る必要はなくて、このシーンだけ知っていればいいのですが、十八歳以下絶対禁止みたいな場面です。ドロシーというおんなを、イザベラ・ロッセリーニという、映画監督のロッセリーニの娘さんがすごく官能的に演じています。映画の中で最も重要な役割を担う運命のおんなです。問題のシーンは、ドロシーを、デニス・ホッパー扮するフランクという男が、ほとんど暴力的に犯す場面です。

　このときのドロシーの精神状態は、深い悲しみと、鬱と、感傷的な気分に満ちています。これには明確な原因があります。つまりドロシーは、実は夫も子どももいるのですが、彼らはフランクによって誘拐され捕らえられており、しかも、夫の片方の耳を切り取られて道に捨てられたりしているのです。夫と子どもが奪われたうえに、夫はフランクによっていたく傷つけられているという状況で、フランクに脅迫され、強要されて、望まぬ性行為を強いられているのです。かつ、じつはこの映画の主人公はジェフリーという大学生で、ジェフリーがクローゼットに隠れてこの二人のセックスを密かに眺めているのです。ジェフリーも、本当はドロシーのことが好きだということで、ジェフリーが《見るなの座敷》を覗いているような状態です。

　まわり道が長くなりましたが、要は、リンチの映画のなかで、原因と結果、アクションとリアクションのあいだの対応になにか違和感が残る、その典型が「ディプレッション」なのです。つまり、ドロシーが鬱的な気持

になっている。その原因はフランクの行為にあるわけです。フランクはドロシーの家族を誘拐してしまったうえに、ドロシーを強姦までしている。ドロシーが鬱的な気持になるすべての理由は、フランクの行為のほうにある。全部行為によって、その人の心の反応は説明できるように見えるけれども、なにか腑に落ちないところがあるのです。よくよく見ると、この映画は、かなり倒錯的な設定です。最初のうちはわからないのですが、じつはフランクは性的に不能で、本当はセックスなどあまりしたくないにもかかわらず、わざわざ強姦ごっこをしているのです。それはなぜなのか。原因だけでは起きている結果を全部説明できない気分になるだろうと、ミシェル・シオンは言っているのです。

女はいかにして主体性を獲得するのか

　さて、これがいったい日本の昔話とどういう関係があるのでしょうか。また、先ほど〈宮廷愛〉の話がありました。そして、その謎解きのために〈異類婚〉の話があって、今度は、デイヴィッド・リンチの映画の話です。このリンチの映画で、「因果関係がもうひとつ説明しきれない」気分になる、その理由が、なぜか河合隼雄さんの『昔話と日本人の心』を読むとわかってくるのです。なぜでしょうか。

鬼が笑う
　ここで、もうひとつ新しい昔話を分析します。この本の前半に「鬼が笑う」というエピソードを含む昔話が出てきます。このお話では、結婚の輿入れの最中に、娘が鬼に奪われてしまいます。大事な娘を奪われたお母さんは半狂乱になって、鬼から娘を取り返しにいきます。つまり、母が娘を奪還するお話です。
　終盤のシーンで、お母さんは、鬼のところへ行って娘と出会い、一緒に

船に乗って脱出します。そのときにもう一人、なぜかトリックスター的な助け手の尼僧がいて、三人ともおんなです。その三人が鬼たちをうまくだますわけですが、鬼たちが途中で気がついて、船を何とか呼び戻そうとします。鬼たちは、川の水をみんなでがぶがぶ、猛烈な勢いで飲みます。すると、水がだんだん引いて、船がどんどん戻ってしまいます。そのとき尼僧が、「何をぐずぐずしてるのよ。あの手を使いましょう」ということで、三人とも着物の腰紐を解いて、鬼に向かって女性器を露出します。すると、鬼たちは、思わず吹き出してしまいます。水をがぶがぶ飲んで、みんな太鼓腹のように膨らんでいるところへ、急に笑い出したので、水がどっと吹き出すわけです。それで逃げられるというお話です。

　このお話の全体の筋はともかく、性器を露出することによって「鬼が笑う」というエピソードが非常に面白い。『昔話と日本人の心』のなかでは、性器を露出させて男を笑わせるお話がいくつか出てきます。ギリシャ神話にもそれらしい部分があるということで、かなり丁寧に調べておられます。

　一番はっきり出てくるのは『日本書紀』の非常に有名な神話です。天石窟戸（あまのいわやと）というところに天照大神（あまてらすおおみかみ）が隠れてしまいます。そのときに、何とか呼び戻そうと、天鈿女（あめのうずめ）という女神様が、裸踊りをして性器を見せます。そうすると、神々がどっと笑い出し、天照大神が、いったいどういうことだと出てくるのです。

　このお話は、じつは《見るなの座敷》以来のお話の延長線上に位置づけられるエピソードなのです。つまり、"見るな"のいわば原形は、女性器です。いまでもそうですが、一番"見るな"が強く作用するわけです。その、「見てはいけないものをわざと見せる」のが、この性器を露出する場面です。本来なら"見るな"というそれを、わざと見せる。わざと見せると何が起きるかというと、おとこが笑うわけです。

　ここにどのようなおもしろさがあるかというと、"見るな"とただ隠している場合には、おとこのほうがおんなにはたらきかけ、見ようとします。でも、おんなはただ拒絶するだけです。この場合、おとこのほうが、見るのを我慢したり、あるいは無理して突き破るなどして見ている。おとこの側がアクションで、おんなの側は受け手に回るという構造です。しかし、

おんなが女性器を露出させておとこの笑いを誘発するときには、この因果関係がいわば逆転しているわけです。つまり、おとこがおんなの何かを見て笑うという構造なのですが、このおとこが笑うことじたいを誘発したのは、おんなが露出させたからです。

女の主体性
　単に"見るな"と禁止しているあいだは、おとこが見ようとし、おんなはそれを防ごうとします。けれども時には、おとこはそれを突き破り、見てはいけない部屋のドアを開けるというように、男性側にアクションがあって、女性側にリアクションがあります。ところが、性器を露出するときには、確かにここだけ見ると、「おんなの性器を見て男が笑っている」という関係、つまりおとこの方に見るという主体性があっておんなが見られる対象になるという関係があるわけですが、この関係じたいを誰が設定したかというと、性器を露出させるというおんなの行為です。「おとこが見て、おんなが見られる」という因果関係じたいを、おんなが、性器を露出させる行為でつくり出しているという構造になっているわけです。
　図示すると、こうなります。まずおとこの行為が原因となり、おんながその作用を受けるという因果関係があります。それを次のように示しましょう。

　　　　　おとこ（見て笑う）　→　おんな（見られる）

　しかし、この〔おとこ→おんな〕の因果関係自体を、受動的な対象となっているおんなの身体（性器）によって、つくりだされているのです。つまり、〔見る－見られる〕という関係自体が、女の「見せる」という行為によって構成されているわけです。それを次のように表示しましょう。

　　　　　〔おとこ　→　おんな〕　←　おんな

　そうすると、だんだん話が複雑になってくるのですが、先ほどのデイヴィッド・リンチの映画の、どこにポイントがあったのかということが、これで少しわかってきます。つまり、おとこがはたらきかけ、それが対象に

なっている、その因果関係自体をおんなの側が設定しているという構造です。ここではひとつの「おとこからおんなへ」の因果関係があるのですが、じつは、その外に漏れるもうひとつのプラス・アルファがあります。この因果関係そのものを成り立たせようとする行為です（上の図の「←おんな」に対応するもの）。先ほど、僕らは、フランクの暴力的な行為がドロシーの憂鬱を引き起こしていると解釈しました。これだけだと〔おとこ→おんな〕の因果関係だけです。しかし、実は、ドロシーが憂鬱に沈んでいるがゆえに、フランクは「彼女の体から性的な快楽を引きだしたい」「彼女の体をチャージしたい」という欲求に駆られているのです。つまり、ドロシーがもっているディプレッシングな態度がフランクのアクションをつくり上げているという構造になっているのです。本当はこの〔おとこ（フランク）→おんな（ドロシー）〕という因果関係じたいが、ドロシーの憂鬱によって設定されるという構造です。ですから、行為だけ見ていると、すべて因果関係が説明できているように見えるけれども、その因果関係を外から設定する作用が、おんなの側から出てくるようにもとれるのです。

　ポイントのひとつは、ここなのです。つまり、僕の考えでは、もしあえて「おんなの」とつけるに値するような主体性があるとすれば、この点です。つまり、自分を相手に対してパッシブな対象としてさらけ出すことで、アクションとリアクションの関係じたいをつくり出す。自分を他人の──おとこの──前に自分のたとえば性器をさらけ出すことで、「それを笑う」という関係をつくり出す。自分のパッシブな身体をさらけ出すことで、自分の身体にかかわってくるような因果関係を外からつくり出すという構造です。それが、おんなの主体性ということではないでしょうか。

　つまり、わざとディプレッシブに体を投げ出すこと、つまり、不感症の体みたいなものを投げ出すことが、逆に一番主体的でアクティブな行為になる。パッシブなことがアクティブにも変化する。なぜかというと、自分のパッシブな姿をさらけ出すことが、相手のアクティブな行動を誘発するからなのです。この、いわばアクションとリアクションの因果関係をつくり出す主体性こそが、おんなの主体性だと考えたいわけです。これは、因果関係そのものを構成する主体性ですから、最も純粋な自由だと言えます。

手なし娘

　〈手なし娘〉のお話は、『昔話と日本人の心』に出てくる昔話のなかで唯一、日本と西洋にほとんど同じタイプの話が見つかるお話です。ほかの昔話は、むしろ西洋と日本との違いが目立つわけですが、この昔話だけは、ちょっと同じすぎる、もしかしたら伝播しただけではないかという疑いを河合隼雄さん自身ももっているように、非常によく似たお話が出てきます。『グリム童話』にもまったく同じようなお話があります。この昔話は、なかなか起伏に富んだ長いお話で、丁寧に分析すると色々おもしろいことがあるのですが、今日はそのことは全部端折って、一点だけはっきりさせておきたいと思います。

　この〈手なし娘〉の主人公の女は、何かの事情で両腕を切断されてしまい、森をさまよい歩くことになります。ところが、やがてお殿様とかお金持ちとか、立派な男が彼女を見いだして愛し合うのです。途中でいろいろと妨害が入ったりもしますが、結果的には結ばれる。結ばれることによって、なぜか奇跡的に失われた手がまた生えてくるというお話です。これはヨーロッパにもほとんど同じようなお話があるわけです。

　この〈手なし娘〉の話は、これまでの線で理解できます。「手がない」ということは、人間として「外に対して能動的な活動ができない」ということです。いわば純粋にパッシブな身体になってしまう。しかしそのパッシブな身体が、おとこの能動性を引き出すわけです。ということは、逆に手がないことこそ、むしろ真にアクティブなことではないでしょうか。それを寓話的に表現すると、手のない娘に最後に手が戻ってくるというお話になるわけです。

意志を獲得する女性

　さて、《見るなの座敷》の見てはならない空間のなかにいったい何があるのか？　という問いは何度も出てきました。そこには、もしかしたら山姥がいるかもしれず、あるいはツルがいるかもしれずと、いろんな話があるわけです。この《見るなの座敷》に対応するものについて、河合さんの本の最後のほうに重要な話が出てきます。そこで、《見るなの座敷》にど

のような構造があるかが解明されるのです。それが〈火男の話〉という昔話です。

火男の話

　主人公はたいてい高齢の男性です。おじいさんが、だいたい何か、大きな穴のようなところに出会います。そのときにおじいさんは、意図的な場合もあるし、そうでない場合もあるのですが、その穴にけっこう大事なものを入れます。たとえば、穴が開いていると「これはいかんな。ふさいでおかなきゃ」と、持っている柴などを入れる。意外に穴が大きくて、結果的に全部入れてしまいます。そうすると、本人は穴を埋めようと思ってやっているのですが、じつは穴の中に人がいるのです。つまり、おじいさんは、意図せざるかたちで穴の中に何かを供与しているわけです。

　この穴の向こう側こそ、いわば《見るなの座敷》なのです。この穴に、気がつかないあいだにいろんなものを与えてしまう。気がつく場合もあります。なにかお供えしようと思って、とにかく穴の向こう側に良いものを与えます。すると、中の人から、お礼に穴の中に招かれます。そこには奇妙な三人組がいるわけです。これがなかでも僕は一番おもしろい部分だと思うのですが、その三人組は必ず、美女と、老人と、醜い少年——ヒョットコ（火男）——という組み合わせになっています。この三人の関係はいったい何なのでしょうか。

　河合隼雄さんは、「この三人は、ちょうどキリスト教において、神と、神の子キリスト、そして聖霊が三位一体であったのと同じように、日本の昔話の三位一体でないか」という仮説を立てています。ご存じのように、ユングも三位一体についていろいろ書いていますが、それにさらに四つ目の悪魔を入れたりしていますね。三位一体のポイントは、同一実体の三つの位格です。つまり、神、神の子キリスト、そして聖霊は、ぜんぜん違って見えるが厳密には同じものであるということです。それと同様に、美女と、醜い少年と、老人は、じつは同じものではないかというわけです。

　まず醜い、見るもおぞましい少年がいます。見ることが禁止され、見ることができない対象です。つまりこの空間は、おんなにかかわる空間です。

その空間は、ある意味では見てはならない空間であり、そこには動物がいたり、山姥がいたりする。あるいは、女性器や裸があったりする。見てはならない、おぞましい空間だという部分をイメージすれば、見るに堪えない醜い少年というイメージをつくることができるのです。

　老人のほうは難しくて、これは僕は次のように解釈しました。先ほど、〈おんなの主体性〉の話がありましたが、「老人」は〈おんなの主体性〉のひとつのイメージではないかと思うのです。〈おんなの主体性〉というのは、女性が元気に動いているということだけではなくて、女性がいわばイニシアチブを握って、あえて自分の体を受動的な対象としてさらけ出すことです。因果関係そのものをつくり出す、ということでした。

　つまり〈おんなの主体性〉というのは「おとこ——他者——の主体性を引き出す」主体性なのです。たとえば、フランクの激しい性的行為を引き出すのが、ドロシーの主体性です。あるいは、鬼たちの笑いを引き出すのが、性器を見せた母親たちの主体性です。その〈おんなの主体性〉にひとつのイメージを与えたものが、他者には呼びかけることはあるけれども自分自身は活動的には動かない、「老人」のイメージではないかと思うわけです。

　この解釈をサポートする事実として、この本から例を出しておこうと思います。この本の最終章は、それこそ〈おんなの主体性〉ということがテーマになって、みずから意図的に、意識的に動く女性の話です。それまでの女性はたいてい一生懸命いろいろやっているときも、誰かに仕えるとか、何かどこかで他人に従っていたのですが、最終章で初めて、日本の昔話には珍しい、女性が自分から動き出すお話を分析しているのです。

炭焼長者

　それは、やはりよく知られた〈炭焼長者〉というお話です。登場するおんなは相当お金持ちの名門の出なのですが、あるお金持ちのおとこに嫁ぎます。おんなとしては、親に決められた結婚をしただけで、まったく意識的に動いていません。ところが、この相手のおとこが、金持ちでいい家柄なのですが、ぜんぜんだめな男なのです。そこで、おんなはこのおとこに

愛想を尽かし、みずから縁を切って、別のおとこのほうに行くわけです。最初の結婚は決められたルートに乗ったものに過ぎないけれども、その関係を断って、わざわざ別のおとこと一緒になった。これは、おんなのいわば主体的な行動です。しかも、最初のおとこは金持ちでしたが、今度は炭焼きの貧乏人です。そして結婚したあと、このおとこに色々な運が回ってきて大金持ちになり、最初のおとこは逆に零落することになります。

　ここで重要なのは、「おんなが、なぜこのおとこと結婚したのか」ということです。昔話のなかでは、最初のおとこと別れると、おんなは老人の神様の声を聞くわけです。その神様は、どこどこの炭焼きのおとこが、働き者だし善人である、みたいなことを言うわけです。それを聞いて、なるほどいいことを聞いたと、わざわざこのおとこのところに行って、結婚してくれと言うわけです。おとこは、いくら何でもちょっと身分が違いませんか、などと言うのですが、例によっておんなに押し切られるという、そういう構造なのです。

　これは河合隼雄さんも同じように考えているのですが、この老人は、〈おんなの内なる主体性〉をいわば外化させたものなのです。じつは自分で判断して、いわば自分のなかの「内面的な老人」を外に投影して、その老人からのアドバイスとして受け入れているのです。この老人は〈おんなの意図的な行動〉を誘発させます。おんなが再婚すると、今度はこのおんながおとこを働かせます。そしてそのことによって、おとこは大金持ちになるのです。

　さらに言えば、このおとこは炭焼きです。河合隼雄さんがこの本の最後で、ちょっとロマンチックに、この炭焼きのおとこは、一番最初の「うぐいすの里」「見るなの里」で、森の中に迷った樵夫のことではないかと示唆しています。その樵夫から、おんなは去っていったけれども、最後にもう一回戻ってきて、そして豊かな生活をするようになると、そんな話として読んではどうかということです。

「否定神学」と「肯定神学」

　最後にもう一度まとめておきましょう。
　西洋から取ってきた話をぜんぶ日本の昔話のほうに投げ返してみると、「おんなの憂鬱の謎」、宮廷愛の謎といったものが全部、いわば日本の昔話によって解明されるのです。なぜかというと、西洋のものには、その答えが書いていないからです。たとえば、「宮廷愛において何が禁止されているのか、なぜアクセスできないのか」──その理由は、女性のなかに、人間になれない部分、いわば「非人間的な部分」としか言いようがないものがあり、その「非人間」性そのものに、いわば人間としての男性はアクセスできないからなのです。しかしそのことは、西洋の宮廷愛の物語には書かれておらず、ただ、到達できない男性の話が書いてあるだけなのです。
　中世の神学には「否定神学」と「肯定神学」があります。「否定神学」というのは、神について語ろうとしても、神は人間の言語、あるいは評価を圧倒的に絶しているので、「神は何者である」とは言えない、というところから出てくるものです。神はあらゆる善を超えているとか、どんな善以上にも善であるなどと否定的には言えるけれども、「どのくらい善だ」とは言えない。このように、神については否定的にしか語ることができないのが「否定神学」です。それに対して「肯定神学」は、逆にストレートに、神についてポジティブに評価をつけられます。中世の神学は、「否定神学」のほうがより高尚な道だと考えていました。なぜかというと、神は言語を絶しているわけですから、ポジティブに語ることなど不可能だからです。
　どちらが高尚かは別として、おんなについても同様の傾向があります。西洋の物語では、おんなについて否定神学的にしか語っていません。日本の話では、おんなはクモだった、ツルだった、山姥だった、という話があっさり出てきます。すると、おんなのなかにある「非人間」性が、日本の昔話のなかでは、いわば素朴に、ストレートに、声高に暴露される。それ

を何であるとも否定的にしか語らないのが西洋の常道なのです。

　ちょうど「否定神学」と「肯定神学」の関係に近いものが、おんなについての表現における西洋バージョンと日本バージョンとの関係にはあるのではないか。それが、ここでのもうひとつの要点です。

討論──基調講演を受けて

指定討論者　河合俊雄
　　　　　　川戸　圓

主体の立ち上がる瞬間

　河合　まず第一印象は、大澤先生は『昔話と日本人の心』を、本当にヘーゲル（Hegel）的に読んだなと感じました。ヘーゲルの「実体というものを主体として捉えていく」という感じで作業をされた印象です。たとえば、《見るなの座敷》で最初、女性は「見てはいけない」という"対象"なのですが、それがいつの間にか意志をもつ女性という"主体"になっていくという転換がとても面白いと思いました。

無境界のなかの肯定

　二つ目の印象としては、河合隼雄が一番強調した「西洋の物語には結婚があるのに日本のものにはない」というところではなく、「日本における境界のあいまいさ」にポイントを置いたところでした。とても納得できると思いました。私は赤坂憲雄さんたちと『遠野物語』を読む研究会をしているのですが、驚いたのは「境界のなさ」です。現実とファンタジーの境もなければ、どこから山が始まるのかも全然わからない。異界すらない。そういう境界のなさというのが、日本の文化論として、かなり大きなポイントではないかということを、見せていただいた気がします。

　三つ目は、お話の最後にあった「女性へ至る否定の道と肯定の道」につ

いて。西洋は、禁止することによって、何かがあるんだぞと警告している。それに対して、日本はもう見せてしまうみたいなところが違うんだと。これは存在論としても読めて、肯定か否定かというのは、存在にかかわる2つの大きなかかわり方の違いだと思います。

　公開シンポジウムの第2回で、中沢新一さんが《ユングと曼荼羅》という話をされました。曼荼羅というのは、いわば存在の根源を見せているもので、密教とかヨーガ派の立場存在を見せているのに対して、ナーガールジュナとか、中観派、あるいは禅仏教などは、否定し、「ない」としていく。その「ない」ということに精神分析が対応していて、「ある」にはユング派が対応しているんだということを言われました。それが、昔話の分析を通した"女性"という存在のかかわりにおいても同じ考え方が出てきていて、日本のものは肯定の道に近い。

心理療法論との接点
　また、今日の大澤先生の話は、心理療法論のように聞こえました。
西洋の心理療法モデルでは、「対象に到達することを禁止することによって、欲望をかき立てる」という構造をつくる面があります。
たとえば、精神分析の一部がまさにそうです。治療構造をつくるなかで、あたかも「求める対象」があるかのような状況をつくり出す。ラカンがいみじくも言っているのですが、分析家は、じつは何も知らないのだけれど、被分析者（analysand）あるいはクライアントからすると「分析家は知っているかもしれない」と思うから分析に来るし、いろいろ聞くし、「何だろう」とそこで思い巡らす。それによって、サイコセラピー、あるいは精神分析が成立するという構造もあります。

　それに対して、大澤先生のお話しになった、河合隼雄を通しての昔話の分析は違います。どこかで「これだ」と見せる瞬間がある。もちろん最初から見せてはだめなわけで、そこがプロセスの面白いところだと思います。例えば《鬼が笑う》でも「見せる」瞬間が来る。つまり、最初は単に"受動的"だと思われていた女性が、どこかで"主体的"になる瞬間がある。これが、とても心理療法的だと思うんです。

しかも面白いのは、西洋モデルでは、クライアントは「それは禁止されている」といった構造をつくりやすい。ところが日本モデルでは、クライアントはどっち側にいるのかちょっとわからない。セラピストは最初は言っていることをひたすら聞いて、受動的なんだけれども、どこかで主体になる瞬間がある。あるいは逆にクライアントの場合も、先生の言われた映画の話のように、何かトラウマを受けているとか、何か自分はこういう運命なんだと思って受動的に生きているけれども、どこかでプラス・アルファの部分に気づくというか、主体が立ち上がる瞬間がある。
　このように、境界のなさ、肯定へと立ち代わるあたりが、西洋の「主体」概念とは違います。これは、サイコセラピーの学派の違いなのか、文化的なものなのか、わかりませんが、ともかく日本でユング派の心理療法をやる場合に、とてもヒントになる見方だなと思いました。

クライエントが立ち上がるとき
　ところで、最近よく問題になっている発達障害は、軽症の、高機能といわれるものを含めて、「境界のなさ」「主体のなさ」ということがとても特徴的だと思っています。心理療法に来ても、やたらとセラピストに合わせてくれたり、指示を聞いたりするクライアントはとても多い。そういうセラピーがどこでうまくいくかというと、やっぱり主体が立ち上がる瞬間からです。そうした「鬼が笑う」のようなシーンがあるなと、大澤先生のお話をお聞きしていて思いました。
　どこか、セラピストのことが笑われたり、「あんたってこんなにだめなんだ」「何しているんだ」と言われたりするような瞬間が、けっこう治療的になったりする。そういう主体の立ち上がり方が、発達障害の心理療法をしていると起こるのです。注意しておかないといけないのは、これは、長く耐え忍ぶ時間があってこそ生まれるものなのですが……。

三本の補助線であらたに見えてくること

　川戸　私自身は、河合先生の『昔話と日本人の心』で、「日本の見るなの禁」と「西洋の見るなの禁」の対比を、そのまま今まで受動的に受け入れていたところがありました。その論理構成の支えをすっと取られた感じがしたときに、これは今までとは違う新しい進展が出てくるぞと、非常にわくわくしながら聞かせてもらいました。

結婚ということを含むか含まないか
　まず最初の補助線は、中世の宮廷愛でした。「西洋中世の宮廷愛では結婚は成就しない」という話。身分の高い人の配偶者という設定に、もう一人の男性が出てくるが、その恋愛は成就しないということです。
　それと同じ補助線を日本で考えるなら、『竹取物語』にはやはり結婚というテーマがないことに気づきます。かぐや姫という人は、天皇の求愛まで退けた女性で、求婚者に無理難題を押しつけ、かなわないならば全部断ります。そして、最後に天皇の求愛が来たときには、鳥になり、雲に乗って天に帰るということで、この問題から逃げていきました。
　この補助線を入れるとどんな新たな展開ができるのでしょうか。また、西洋中世の宮廷愛という"結婚を含んだ補助線"を入れるのと、『竹取物語』という"結婚を含まない補助線"を入れるのとでは、どう話の展開が変わるのか、考えてみたいと思いました。

境界から離れるとは
　次の補助線は、"境界線がない"ということをめぐってのものです。そして、境界線がないなかで「見てはいけないもの」とはいったい何なのか、という問いです。
　日本の昔話では、おのずから"露わ"になってくる。受動的でありなが

ら自分を出す女性として「飯くわぬ女」がありましたよね。髪を解くと、そこにもうひとつ口があるという。それから「鬼が笑う」では性器の露出ということがありました。

　この大きな口と性器は、どちらも内部に通ずる穴で、あらゆるものを受け入れ、受け取っていく、大きな入口です。そこに入って行ったときに、境界はいったいどうなるなのか。私たちは皮膚で境界をつくっているけれども、そこに開いている穴というのは、どういう境界になるのか。そして、この穴からはおぞましいものがいつもあふれ出してくる可能性がある。その可能性は、女性の身体のほうが圧倒的に大きく、それを見せやすい構造体になっているのではないでしょうか。そうすると、女性の身体は、ある種"境界を常に乗り越えやすい"という身体性を担わされていることになる。また、その身体性の特性は、ある程度、精神性における"境界性のなさ"というところに共通してくると思うのです。

　境界というのは、くっついているものに分断を入れていくことですから、主体が立ち上がるときには、境界は絶対に必要になってきます。たとえば私たちが初めて個体として生まれるときには、女性性器からの断絶として追い出されて来る。ここでひとつの境界はあるわけですが、この境界は、いまにもまたズボッと引き込むような境界なので、ここからどんどん遠ざかることが、主体性を確立するうえで、とても大事なものとして問われてきたのではないでしょうか。そして、私たちが「男性性」として自我を立ち上げていくときには、この境界、自分を産み落としたあの線からできる限り距離をとることに重きを置いてきたところがあるのではないでしょうか。離れれば離れるほど、境界がより明確になっていくのです。そして案外、切れてしまうと、境界そのものがなくなってくる。

　異類婚のところで大澤先生が述べられましたが、本当に西洋には異類婚はなくて、あるとすれば、必ず魔法が介在するんです。魔法によって何か人間とは違う存在に変えられているという屁理屈、論理的・合理的説明を持ってこないと、西洋の人はその境界を越えるだけの納得性を持たない。ところが私たちは、そんな魔法にかけられなくても、女がクモになり、男がイノシシになり、常に自分のなかに動物性を見ていく。つまり、生まれ

落ちてきた、そのおぞましい肉体のそばでうろうろしている動物性に、すっと近づけるような心性をずっと保ってきている。だから、同じ「主体を立ち上げる境界」といっても、西洋と東洋では、ある種、その意味あいが違っているのではないでしょうか。

ディプレッションと時間

　次の補助線は「女の憂鬱」でした。

　私たちが心理臨床家として「ディプレッション」というものを考えるときに、その大きな特徴として、時間そのものが流れないということがあると思います。時間がグルグルと循環していて、昨日の状態も今日の状態も変わらなくて、自分がどこにいるのかもわからない。時間を失った存在であるとも言えると思うのです。私もよくディプレッションになるのですが、私は非常に合理的に、そこから脱出するすべを獲得しました。時間を友達にするのです。"時間"というのは本当は存在しないものなのです。私たちの頭が、今日であり、明日でありと、直線的な時間をつくり出してきた。その時間が循環するということにフェミニンな様相を呈していると思うのですが、そういうディプレッションに落ちたときに、頭で組み立てた"時間"という男性的な要素を入れていくことが、私のディプレッションからの脱却なのです。

　ディプレッションの方と受動的にお付き合いしているときに、"時間"がどういう形で入っていくでしょうか。「もう七年も経ちましたね」と言って、「そうですね。七年ですね」と言ったときに、七年という男性的な"時間"軸が入ってくることも大事なことなんじゃないか。そのときに初めて人間は、ディプレッションから主体を持って立ち上がってくるということではないかと思います。

　ですので、この「フェミニン・ディプレッション」という受動的なものが、実は、相手を引きずり込んで、相手の主体性を立ち上げさせ、いわばアクション、リアクションを導き出していく重要なものとなっている。河合俊雄先生は、本当に主体が立ち上がってくるときに能動が出てくるとおっしゃいましたが、受動性という無意識のなかに沈んで二人でいるとき

に、どこから能動性が出てくるのか。一緒に沈みながらも私はここにいて、ひとつの能動性を引き出す。

　無能な男を非常に積極的にさせるのは、女のこの受動性だという、これはもう心理療法の極意ではないかと私は思いながら聞いていました。

＊　　＊　　＊

　河合　それでは大澤先生、面白いと思うことだけに返事していただいて、あとは、もうつぶやきとして無視していただければ……。

　大澤　とても面白い。僕の話とは独立させて聞いても、非常に面白い論点を出していただいていると思います。

　まず河合先生がおっしゃったヘーゲルのようだという点。ヘーゲルの命題のなかで最も重要なものは、先ほど河合先生がちょうど引用してくださった「実体としてのみならず主体として精神を捉える」という部分だと思います。今日、僕は、話しているときは意識していなかったのですが、確かに、実体としての、客観的実体としての精神から主体が立ち上がっていくというプロセスなのです。

　次に、川戸先生の話にもあった"境界"という視点。これは、今日の非常に重要なポイントだと思います。例えば、禁止をすること自体が、ひとつの"境界"を設定するということなのです。日本の場合は、それを非常に緩いバリアでつくっていくところに特徴があるので、なかなか、捉えにくいような感じになるのです。

　今日はキリスト教神学の話をしましたけれども、本当は仏教と関係づけるのも面白いと思います。ユングの場合は、むしろ仏教のほうが親和性が高い可能性もあると思うので。

　先ほど河合先生の話にも出ましたけれども、仏教にも、ちょうど対応する、否定の論理と肯定の論理みたいなものがあります。だから、仏教のある種の合理性もまたすさまじいから、仏教の議論と対応させながら読んで

いくのも面白いかもしれない。ただ、僕がどうしてもキリスト教の論理を先に考えるのは、近代社会とか現代社会がキリスト教の論理の延長上にあるからです。ですから、我々の精神のあり方や社会のあり方の基本を見ようとするときに、仏教まで行くにはやっぱりワン・クッションが必要です。

　それから、心理療法との関係を指摘していただくのは非常にうれしいです。去年、『量子の社会哲学』という変わったタイトルの本を出したのですが、そのなかで僕は心理療法と、それから、例えば、革命などの社会的な実践とのあいだに、非常にある種のパラレルな構造というか、アイソモーフィック（isomorphic）な構造があるんじゃないかみたいなことを考えながら、科学史をモチーフにしてそれらを全部ひとつにつないでいくことを試みました。

　心理療法というのは特に重要です。なぜかというと、心の問題というのは「関係」の問題なのです。僕は一応、社会学を看板にしていますけれども、本当は社会学と心理学という二種類の学問があるわけではないと感じるのです。心というものが実は「関係」の問題だということを考えるには、心理療法の場面で心というものを考えるということがすごく重要な気がします。だから、私の話を心理療法論として考えられるという河合先生のご指摘は、私としてはうれしかったです。

　それから、川戸先生の『かぐや姫』の話。
　かぐや姫が非常に面白いのは、徹底的に結婚を否定していくところですね。日本における「崇高なもの」がどういうポジションにあるかを西洋と比べたりするときに、『かぐや姫』は非常にいい素材ではないかと思っています。次の課題として考えているところです。
　また、先ほども出てきた「境界性」の話で、"女性"というものとの関係で、これもあまりステロタイプにしてしまうといろいろ危険なのですが、非常におもしろいことを指摘してくださいました。人間が、境界を区別するということといかに逃れがたいかということ。その境界の中で最も重要なのは性別で、我々はやはり、性別というものから自由になりきれない。性同一性障害の人も、「性同一性」から自由になれれば、苦しくないはずです。

ですが、男でも女でもないものになればいいといっても、なかなかできないのです。例えば国籍だったら、日本人でもなければ中国人でも韓国人でもない、コスモポリタンだというアイデンティティが可能だと思います。けれども、男でも女でもないアイデンティティはなかなか難しい。男かつ女であればもしかしたら可能かもしれないけれども、無関係（indifferent）にはなれないんです。人間が最後にどこか"境界"というものと結びついているというのは、性別というところで出てくると思うんです。そして、その最後の境界は、境界にアタッチメントがある人と、境界から自由な人との境界でもあるのです。それが男女ということだと考えると、今日のお話とつながってくるのではないかと思います。

最後に、「ディプレッションと時間」という話ですけれども、これも面白い論点です。すぐに思いつくのは、『浦島太郎』の時間の問題ですよね。この『昔話と日本人の心』という本でも浦島伝説は出てくるのですが、時間の問題よりも、カメなどが持っているシンボリズムとの関係で、女性のイメージの問題と関連づけられています。けれども、本当は"時間"という問題もすごく重要ですね。実は、「女の主体性」というのは、過去に遡及して原因をつくる、いわば「過去をつくり出す」主体性なんです。だから、時間の深みをどうやってつくっていくかが、主体性ということのひとつのポイントになっているというのが、僕の考えなのです。ポイントを突いたコメントをいただき、非常にうれしく思います。

河合　『量子の社会哲学』にも書かれていますが、因果関係というのは「何かがあって今こうなっている」といとうことになるけれども、量子力学では「過去は実は遡及してつくられる」というところがとても面白い。普段我々が目にしているものではほとんど起こらないと思いますが、量子力学のレベルまで行くと、そういうことが起こるというところが、とてもポイントだと思いました。

心理療法はやはり、特殊な実験室であり、レトルト（retort）だと思うんです。つまり、最初は因果的にみんな見るんだけれども、どこかでそれが崩れるポイントができてくる。ニュートン力学でも古典物理でもなくて、

量子力学の世界に入る瞬間があるというか、それが起こらないと、心理療法というのは、本質的な意味では成立しないのだと思います。

それなのに、そういうことを実験する場合にはあたりまえの状況をつくってしまう。そうすると、全部エビデンス・ベースになるんですね。しかし、そういう陳腐な因果関係では通用しない世界が起こってくる。そのあたりがとても大事で、そこをもう少しきちんと、心理療法も社会学も言わないといけないのではないでしょうか。

大澤　科学的なものというのは、実証性だとか、エンピリカル（empirical）なデータと一致しなければならないとか、普通に考えると、想像力で生み出したものよりもどうしてもつまらなくなります。現にそういう場合もあるわけです。ところが、量子力学は、想像力よりももっと自由です。つまり、一番確実な、物質の一番基礎の部分で、最も信じがたい、人間の想像力よりもっと自由なことが起きるわけです。ですから、専門ということを抜きにして、我々の物の考え方を解き放ってくれる触媒になるのです。

それに、量子力学が登場してくること自体がひとつの社会現象です。だから、量子力学がいかに浮世離れしたことをやっていたとしても、社会のなかでの我々の精神のあり方は、どこか地続きなところも確実にあるのです。ですので、物の考え方をちょっと自由に突き放すときには、量子力学という触媒を活用することを、ぜひお薦めしたいと思います。

河合　ひとつお聞きしたいことがあります。

例えば、平安文化などを見ていると、とても日本文化は否定が強い気もするのです。隠すとか。そうすると、どうも昔話とかを見ていると、日本はベースが"肯定"みたいなのに、どういう形で日本に"否定"が入ってきたのか。しかも、西洋とは違うとして、どういう"否定"の仕方なのか。

知り合いのドイツ人で、生け花を、「あれがなぜ自然だ」と憤る人がいますが、あれもすごい"否定"ですよね。自然を前提とした、独特の否定の形だと思うのですが、日本文化のなかでの西洋とは違う否定とはどういうもので、それはどのように入ってきているのでしょう。あるいは、近代

でも、漱石などはとても強い「否定の文学」ですよね。禁止された女性というのがとても意味を持っていたり。そう考えていくと確かに、昔話では女性器を見せたり、パカッと頭を開いたり、穴の中に日本的な三位一体が見えるところがあるんですが、日本の歴史の上で、"否定"というのはどうなるのでしょうか。

　大澤　面白い論点ですよね。これは、イメージとしてはあるのだけれども、言葉で概念としてうまく説明するのは難しいのです。例えば、「否定神学」というときの"否定"は、ものすごくギリギリまで追い詰めている感じがあります。例えば「否定神学」では、神というのは、偶像崇拝もできないし、我々の前に現れて何か話ができるわけでもないわけですから、当然、肯定的には知覚できませんし、普通の言語的な判断の対象にならない。だから、否定されていくわけです。

　例えば、その神の絶対的な超越性みたいなものに対する否定と、比較の対象として、例えば三種の神器を考えると、あれも見たことがある人がいないように、日本でも、そうした対象と距離をとっている。そういうときの否定と、ぎりぎりまで追い詰めている「否定神学」の否定では、同じ"否定"でもちょっと違いますよね。

　あるいは、日本の"否定"というのはスノビズム（snobbism）なのです。ある種、理由もよくわからないけれども、あえて形式だけ伝える。そういう奇妙な中空に浮いている否定みたいなものです。それをどう説明するか難しいところですけれども、明らかに西洋と違うタイプの"否定"があるということです。

　川戸　ちょっと話の筋がズレてしまうのですが、『竹取物語』が日本に入って来る前のものとして、中国に『斑竹姑娘』という話があります。その話では結婚するのです。日本的な脚色がついているということは、先ほど先生がおっしゃった、雲に乗って天に帰る、鳥になるというときの、日本女性に託され、押しつけられたある種の精神性のイメージ、想像力を担うものが何かあるように思います。

もうひとつ、先生のおっしゃったなかで、非常に心惹かれたのが、「より想像力を豊かにしてくれる媒体となる量子力学」ということです。私は、人間の想像力はすごいと思うと同時に、かなり限界があるとも感じているので、そのあたりをもう少しお聞きできるとうれしいのですが。

　大澤　自分も量子力学の専門家ではありませんが、唯一確実なことは、量子力学は誰にもわからないということです。自分は量子力学の謎を全部解けるという人は、実はわかっていない証拠なのです。1905年に相対性理論が出たとき、かなり革命的なアイデアですから、みんな驚いたことは驚いたのです。そのときに新聞が、画期的な物理理論が出たが、この理論を理解できた物理学者は、世界中に1ダースしかいないだろうと書いていました。でもそれは嘘で、相対性理論に関しては1ダースどころか、ほとんどの物理学者が、発表のすぐ後には理解しました。けれども、リチャード・ファインマン（Richard Phillips Feynman）はこう言ったのです。相対性理論は、理論物理学者ならみんなわかっている。でも、量子力学について言えば、1ダースどころか、世界中でわかっている人は1人もいないと。
　つまり、人間の理解の限界を越えているのです。僕はこういうイメージを持っています。──「神様が世界を創ったときに、本当はとてつもないからくりをつくって、そのからくりのなかで僕らは生きている。僕らはそれを知らないで生きていたのだけれども、ときどき神様がちょっといたずら心を起こして、からくりを一瞬見せてしまう、それが量子力学だ」、と。
　だから、量子力学には"見るな"の禁止がかかっているのです。量子力学というのは、見てはいけないけれども、見てしまったという、そういう世界だと思うのです。ときどき、論理の力ってすごいと思うことがあるのですが、論理というのは想像力を超えることがあって、論理的に追っていくと、もうそう考えるほかはないんだというのが、量子力学ですね。
　量子力学ではありませんが、カントール（Cantor）という、集合論で有名な数学者が、「無限」についての、今では当然のように受け入れられている証明の話があります。無限において、部分と全体とが一致してしまうという証明ですね。彼は自分で証明した後、その結論が信じられなくて、

「自分は確かに見た。しかし、信じられない」と言ったそうです。つまりこの場合の「信じる」は、いわば想像力の範囲内なんです。想像力に頼ったら、信じたことしか書けませんが、確かに論理の力はもっと別のものを見せてくれることがあるのです。べつに量子力学だとか集合論だけでなくて、今日の話でも、論理的に筋を追っていった場合に、自分の想像力の限界を超えることはたまにあるのですが、その場合は想像力を頼りにせず、論理に身を任せたほうがいいような気がします。

ところで、今日、最後のほうで三位一体の話をしました。本当は、この本にもありますが、ユングの場合、三位ではなくて、四つめの位格を入れていますね。神と子と聖霊と、もうひとつ、悪という要素。そのほうが人間の心理の現実にとってはいいのではないかと。今日僕は三つしか言いませんでしたが、河合隼雄さんももちろんそれにコミットしながら、白髪の老人と、醜い少年、美しい女に、さらに「無」というのが入ってくるのです。仏教的「無」かはわかりませんが。その四つと言えることの意味のあたりをどう考えればいいのでしょうか。

河合　どう答えていいか本当に難しいです。
　まず、西洋のコンテクストで言うと、ユングがなぜ四を言ったかというと、やっぱり実体化して見るから四を言わざるを得なくなるところがあるのです。だからその四つ目は、プラグマティック（pragmatic）にはとても大事だと思うんです。けれども、本当に論理のレベルで、四位一体ということが出てくるかというと、若干疑問に感じるところはあると思います。ただ、ユングという人はとても経験的な人なので、やっぱり今あるものを示すためにはいい数字なのです。やっぱり三つのほうが不安定だし、消えるものとか、欠けるものとか、そのためにはとてもいい数字なので、そういう感じになりますかね。

川戸　中沢新一さんの『バルセロナ、秘数3』という本で、フロイディアンは三というのをかなり重要視しています。やはり三というのは、私も

とても大事なものだと思っています。三があるから次ということで、動きが出てくる。いま俊雄先生が言われたように、実体化してプラグマティックだから、ユングはどうしても四というものを言わざるを得なかったけれども、この実体化した途端に四はもう蛇足になるので、三で留めておいてもいいのではないか、という発想を私は持っています。

そして、論理を突き詰めていくと、想像力ではいけないところが開けていくというのは、本当にそうだろうと思います。そのときに、やはり私のように、患者さんと地べたでやっているときに、なにか論理で突き詰めないで、想像力も豊かにするというところで、そこで生まれてきた四という感じで受け止めるのですけれども、それでは不満なときもいっぱいあるのです。それを、もうちょっと論理で行く想像力という、常に先を目指したいという思いが臨床家としてあるのですが、今ここでこの患者さんがここの四にたどり着いたことは、この方の流れとして受け入れたいというところで、四というのも大事にしていきたい。

ユングも、実体化する四を言いたくなかったと、私自身は思っていますので、河合先生がそこで「無」というものを持ってきたのは、そういう感じをすごく持っておられたからではないでしょうか。

大澤 そのあたりは非常に難しいところですね。

三が色々な意味で重要な数字であることは確かで、僕が創った社会学の概念でも「第三者の審級」という、三が出てくる概念がありますが、どんな現象でも、三になった途端に複雑になるんです。よく知られているのは、物理学の三体問題というのがあって、二体だと非常に簡単に解けるのですが、三体になったとたん、極端に複雑な問題になってしまうのです。

もうひとつ、人間というのは、原理的に単独ということはあり得ないから、まず関係性のなかで考えなきゃいけないですよね。また、僕は、二人の関係で閉じてしまう社会関係は、ある意味ではあり得ないと思っています。例えば、二人の恋人同士だったらどうだと思うかもしれません。しかし人間は、恥ずかしいとか猥褻という観念を持っています。例えば、恋人同士の二人がいて、自分たちがキスをしているときとか、セックスをして

いるのは、見られたくないと思いますね。ということは、自分たちを覗き得る三番目があり得ることをいつも念頭に置いているのです。

　山極寿一さんとはけっこう仲が良くてよく話をするのですが、ゴリラやチンパンジーと我々と完璧に違うのは、ゴリラもチンパンジーも、見られて恥ずかしい、あるいは猥褻という感覚は、百パーセントありません。強いやつに女を取られるのはちょっと恐れているけれども、強ければいくらでも人前でもセックスをします。けれども人間は、人前では性的な、インティメイト（intimate）な関係を持てません。二人で一緒にいるときでも、自分たちは覗かれているのではないかという不安を持っているわけです。つまり、必ず人間の関係というのは、少なくとも「三番目の関係」まで入っていく。だから、複雑になるのです。

　三というのは、ある意味、非常に重要なのですけれども、三位一体といっても、本当は一神論で、神様が三人いるわけではない。だから、「神様が一つである」ということに非常にこだわった種類の社会や文化があって、その「一つ」からの見解としては、三までが限界なのです。

　「悪」が入るのであれば、ほんとうは神様を二人にすれば簡単なのです。つまり、一神教にとってもっとも大きな問題なのは「神様がつくったのになぜ悪いことが起きるのか」ということなのだから、二人で分業してくれれば、綱引きですから、ときどきいいことも悪いことも起きることになります。それにもかかわらず、一人の神様にこだわった種類の社会とか、文化とか、宗教があって、しかも、良い悪いは別にして、結果的にはそれが世界を席巻しているのです。

　河合　河合隼雄の場合の四は、たぶん三＋一で、その一は何かといったら「無」なんだと思います。だから、「ある」と「ない」を両方ある程度視野に入れていたと思います。彼は、ユングの『赤の書』で老賢者フィレモンが語る物語と『古事記』とを比べて書きたいと言っていたことがあります。やはり四位一体なのだけれども、それは三プラス一であって、それは「ある」ものでもあり「ない」ものでもあるということではないかと思いますけれど……。

河合　大澤先生にもうひとつお聞きしたかいことがあります。

　今日の話でも、西洋と日本で対比されましたが、キリスト教をベースに世界がすごくグローバル化していますね。アンチもある意味グローバル化の証明にしか過ぎないとかいう言い方もできると思うし。そうなると、今どれだけ「隠される」ことが起こっているんだろうか。どうも、ネットなどを考えると、"境界"はなくなってきているのではないかとも考えてしまいます。表に出たものしかなくなっているのではないか、と。そのあたり、文化の差は超えられていっているのでしょうか。超えられているとすれば、今日の話のポイントから見ると、どういう境界に、「肯定」と「否定」のどちらに世界は向かっているのでしょうね。

　大澤　客観的に「差異が小さくなってくる」ということと、主観的に「どう見えるか」ということとはかなり違います。客観的に見れば、ある意味、どこでも同じような感じになっていることは確かです。

　二年ほど前、私自身すこし驚いた調査があります。僕の社会学の先生である見田宗介さんが、NHKの放送文化研究所で五年ごとにやっている、かなり大規模な意識調査のデータを使って、クラスター分析をされました。世代別に、おおよその意識の分布を見ていくんです。

　結論的に言うと、「世代間ギャップ」がどんどん小さくなっているのです。例えば、団塊の世代とそのお父さんの差は非常に大きいわけですが、団塊の世代と団塊ジュニアの差は、それより小さい。大同小異なのです。考えてみればそうですよね。ところが、僕らは何か、世代間ギャップは信じられないほど広がっているように思っている。客観的には差は小さくなっているのに、主観的には広がっていくようなことが起きるのです。

　これは、世代間という時間的なことだけではなくて、空間的にもそうだと思います。同じように食べて、それほど宗教的なタブーにこだわらない人も増えてきて、世界中どこでもマクドナルドはそこそこおいしいということになっていて、似たようなものを食べている。しかし逆に、たとえばますますシーア派だ、スンニ派だ、微妙に違うぞとか、そういうことがものすごく気になるという感じだと思うのです。だから、客観的には同質化

していって、主観的には、良く言えば多様化ですけれども、細分化していると思います。

　"境界"ということでも、僕はあるところで書いたことがあるのですが、ベルリンの壁が崩れたときに、「こんな大きな壁すら壊れたんだから、あとは壁がどんどん小さく、少なくなる時代がやってくるんだ」みたいなイメージだったのですけれども、実際には逆だと思います。つまり、ひとつの大きな壁がなくなったあと、社会には、むしろ小さなたくさんの壁ができました。例えば、アメリカには何万というゲイティッド・コミュニティがあります。日本にも、そこまで強烈でなくとも、それに類するものがあります。あるいは、それは物理的な、フィジカルなものだけれども、例えば、精神的な意味での同胞意識とか、仲間意識ということで境界線をつくっていけば、ものすごく細分化されて、もう大変なことだと思います。だから、客観的には極めて強烈な、グローバルな均質化が進んでいることは明らかですけれども、主観的な体験としては、むしろ些細な差異にますますセンシティブになっていくような、そういう状況じゃないかと僕は思っています。

　河合　そういう意味では、「"境界"がつくり出される」ということがままありますよね。

　川戸　シンボリックに大きな境界があったほうが、実は小さな境界が生まれなかった可能性もある、ということかもしれませんね。

　河合　もうそろそろ終わりになってきました。
　川戸先生がおっしゃった、「大きな境界で小さな境界が見えない、生まれない」という話はとても興味深いと思います。また、そのまえの大澤先生の「客観的にある／ないと主観的に見える／見えないは違う」という話は、かなり重要なことを含んでいると考えられます。
　そういえば、日本の昔話には、「《見るな》の禁のシチュエーションで実際に見ない」という話がありますね。それはすごいと思います。だから、

「《見るな》の禁によって見させる」というトリックが通用しない。これがあるということはすごいことです。

　大澤　はっきり言って、「《見るな》と言うなよ」と思いますけどね。「そう言うから見ることになるんだろう」と。昔話を読んでいると、突っ込みを入れたくなることもいろいろあります。例えば、浦島太郎は、玉手箱を決しては開けてはいけませんと言われる。「だったら渡すなよ」と言いたくなりませんか。いろいろ気にはなるんですけれども、それでは話が成り立たなくなるので。

　河合　次は大澤先生に、昔話、吹き出しつきとか、突っ込みを書いてもらったほうがいいかもしれませんね。ともかく、今日は大澤先生にとても面白い講演と、その後のシンポジウムの中でもいろいろと面白い示唆をいただき、本当にありがとうございました。

追悼文

ジェームス・ヒルマン博士の最後の日々を共にして

樋口和彦
ユング派心理分析家

　ボストン郊外のコネチカット州トンプソンを訪れ、わが恩師であり、約半世紀にも及び私の分析家であったヒルマン博士と、最後のお別れをしてきた。その渡米の決心をしたのは2011年9月18日、ちょうど、国際ユング心理学会（IAAP）から中国ユング心理学会への援助のために派遣されたポール・クーグラー博士とご一緒に講演をしていた上海のホテルでのことである。この旅行は、上海を始めとする3都市で4つの大学を訪問してそれぞれが講義をし、スーパーヴィジョンを行なう目的での滞在であった。(1)
すでに病状については発病以来、マーゴット夫人から逐一知らされていた。

　じつは、2011年夏にかつて河合隼雄先生と共にユング心理学海外研修旅行と称してしばしばヒルマン先生の講演をスイスでうかがった仲間と一緒に、日本の人々とヒルマン邸を訪れる予定を立てていた。これは先生の意向でもあり、元気になったので久しぶりに懐かしい日本の人々を招いて、先生を中心に想い出を語り、アットホームなミニ・シンポジュームや庭遊びや交流をしたい、という博士の強い願いであった。そして2010年の冬になり、我々もその準備にそろそろ取りかかろうとしていた矢先、先生がニューヨークで入院し、手術を受けられたという知らせを受けた。これは、股関節の手術で体に埋め込まれていたものを取り出すもので全快の予定であった。その結果が癌の発見で、さぞや先生も落胆されたことであろう。したがって、この計画は残念ながら中止ということになった。

　ここに至る迄には伏線があった。2010年夏、京都文教大学の名取琢自さ

写真1　2010年夏　トンプソンの自宅の庭で乾杯をしている元気な博士。

写真2　モントリオール学会での先生と。

んと私がヒルマン先生の全快祝いでを兼ねてのパーテーに招待されて前後の3週間あまり滞在した。その時の写真〔写真1〕にもあるように先生は上機嫌で、邸内のお庭で宴が開かれ、旧知の友人たちが世界各地から集まって彼の回復を盛大にお祝いした。また、そこからモントリオールで開かれた国際心理学会に夫人の運転する車で参加し、また途中美しいニューイングランドの景色を楽しみつつ帰った。その時は会議でも杖はついておられたが、全く元気で、学会では旧知の学者方とも旧交を温めておられた〔写真2〕。その健康を裏づけるように、まもなくロスアンジェルスのパシフィカ大学院やチューリッヒ・ユング心理学研究所での講演予定など、博士が再び復活して講演されるという発表を頂いた。その時は私も「いよいよまた新しいヒルマン元型心理学の復活の活動が始まるのか」と、期待に胸を弾ませていたのであった。

　追いかけるようにマーゴット夫人から、ヒルマン先生の病状が憂慮すべき状態にあること、先生が会いたがっているので是非ともというメールが私の元にきた。最早事態はいよいよ切迫していると直感し、私としてもさてどうしたものか、自分の84という歳を考え、身辺の雑事をどう整理して行くか、とりあえずこの中国訪問が済んでから考えよう、など心を決めかねていた。帰国して直ちに約束していた京都文教大でのシンポジュームなどを済ませていたところに、新しい知らせがきた。ちょうどその頃、折よく来日されたユングの『赤の書』の翻訳で名高いソヌ・シャムダサーニ博

士が京都での講演の帰路、ヒルマン邸に立寄り、直接病床を訪れていたのである。二人は昔から互いに親しい関係で、トンプソンで先生と共に病床でお酒を飲んでいる写真を数枚私に送ってくれた。ソヌさんとは私は昔からの既知の仲で、今回も日本料理屋で二晩も痛飲したこともあり、彼は私にそっと「出来るだけ早く訪問した方がいいよ」と助言してくれた。そのメールで「トンプソンの庭の老木を歌った英語の君の詩が、彼の病室の壁に掲げてあったのを見たよ」という言葉が添えられていた。

　それで急遽、何をおいても単身飛行機を探して行くことにした。成田からダラス、テキサスへと乗り継いで、ボストンの空港に降りたったのは9月13日の夜遅くだった。迎えの人のトラブルもあって、その方の車でトンプソンのお宅についたのはもう既に真夜中だった。先生はそれでもベッドから起き上らんばかりにして笑顔で迎え歓迎してくれた。もう本人とはコミュニケーション不能の状態かもしれぬ、という私の危惧に拘らず、予期したより先生ははっきり目覚めていて元気な声で語りかけてくれた。そこには慣れ親しんだ好奇心に目を輝かしている少年のような先生がいた〔写真3〕。早速「それで、これから中国はどうなるのかな？」とか、「日本の皆はどうしているか？」など質問と議論に花が咲いた。それから私の滞在は21日までの8日間に及んだが、以下その先生の人生の最後の日々を気遣う日本の方々にその詳細を記してみたい。

　一言でいうと先生には、末期がん患者に対する医療はこうあるべきだ、という見本のような最善のケアがなされていた。すでに、ニューヨークの病院ではこれ以上の延命治療は必要なく、本人もそれを拒否し、むしろこれからは緩和的医療に切り替え、最後の日々を、自宅をホスピスにして奥様の看護を中心に全てが組まれていた様子であった。先生には薬物の効果で痛みはほとんどなく、癌の痛みは完全にコントロールされているようにみえた。モルヒネを中心とする薬の効果でうつらうつらして寝ている状態も多かったが、醒めるとそこにはいつものヒルマン先生がいた。ただ、長い療養のせいで、自分では自由に体を動かせず、周囲の人々の手を必要としていた。そのための苦痛には遠慮なく声を挙げていた。そして次の日真

っ先に「樋口、俺はこれから死ぬよ！」といって私の顔を見詰めるのである。これには私もいさかかド肝を抜かれ、しばし言葉を失ったが、それは「誰でも人間はいつか死ぬ」ともこれはとれるし、「もう直ぐ死ぬ」とも意味がとれる。例によってそこに先生独特の鋭い言葉の意味を私は感じとった。つねづね先生は言葉の直解法（literalism）を嫌って、豊かな意味をもつイメージのふくよかさを愛していた。とっさに私も、それに真正面から答えず、「先生のお棺は隣のお部屋にあって、もう見せてもらいましたよ」というと、ニャッと笑って私の顔を見た。それは、夫人の友人の大工さんが精魂込めて作ったもので、既に出来上がっていてドアを隔てた次の間に置かれていた。神道の棺のような白木で作られたもので、正面に彼の名前がそこには刻まれていた。出来上がった時、それを見て先生は喜んで、その棺に接吻したそうである。

写真3　先生が作らせた自分のお棺。

毎日、先生のもとには緩和的療法の医師、看護士、その他マッサージの専門家など随時、必要に応じて訪問して彼の看護にあたっていた。先生は駆けつけた人々とは気さくに話をし、我々も時に、夫人では重すぎる体の移動を手伝った。人間ヒルマン全体の姿を周囲の人に預けて、心からケアを喜んでくれているようだった。こんなこと、自分には果たして出来るかと考えると、私には難しいように思う。もともと彼の家は日本家屋に比べて大きく、普段から様々な人々がこの家に滞在出来るようにしてあった。このヒルマン邸には普段からいろいろな国からの客人が泊り、邸内のどの部分にもそれぞれ寝室とシャワーが独立して付いていて、執筆など仕事ができる様になっている。そして、泊まっている人は、朝起きて腹が空くと、皆自然に台所に集まってきて、冷蔵庫を開け、それぞれ勝手に料理を作って、お茶を飲み、楽しい話題の議論に花を咲かせながら共に食事をする。先生が元気であった時は、むろん彼を中心に学問談義に花が咲いた

ものである。その壁には日本訪問の途時に手に入れた、錬金術に因んだ備長炭が飾られて、客人の興味を引いていた。私の滞在時にはパリから、彼の永年の親友である劇作家・演出家のエンリケ・パルドー(5)さんが滞在していた。数日して息子さんの元型心理学占星術師ローレンス・ヒルマンさん(6)や美術

写真4　病床の先生

館運営の専門家とお見受けしたキャシー・マクレーン、夫人のお姉さんも滞在していた。また、前々から資料収集にあたっている伝記作家のデックがインタヴューに来ていた。また驚いたのは、すでに予定されていたようにニューヨークから映像作家のバレリー・レイマンさん(7)が日常の日々の彼や、その発言を録音し逐一映像に収めていた。何の変哲もないこうした最後の日々は、一部始終が記録されていたのである。その記録はやがていつの日か我々の目に触れるであろう。

　その最後の日々は、何気ない日常の中に先生の思想のすべてを語りかけているようにも見えた。わが国でも彼の著作は様々な人によって訳され、また直接数多くの訪日と途時直接講演などで彼の心理学には触れている。どれほど難解であっても、人々の多くにヒルマン先生といって親しまれてきた。どちらかというと、ユング派の学者でありながら、またその中枢に絶えずありながら、ただのユング派学者ではなかった。彼はどこまでも自分の唱えた元型心理学者であり、いかなる派閥も嫌っていわゆる弟子を作らなかった。その著作は現在纏められて、出版されているところである。やがて、彼の考えていた全貌が理解されることになるであろう。その著作はただの心理学の領域を離れて、美学、哲学、心理学、都市計画、経済学、神話学、民俗学など人間学全般に及んでいる。没後すぐにニューヨークタイムズ誌が、多岐にわたって現代アメリカ社会に最も影響を与えた著作家として、死の翌日（10月27日付）に次のような記事を掲載している。それは「カリスマ的心理療法家であると共に、カール・ユングの思想を1990年

代に起きた所謂人間の運動に活力を与え、ポップカルチャーの空気を生き生きと伝えたベストセラー作家でもあった」と伝えている。

　私は思う、ヒルマン先生は「ルネッサンス的な全人」を目指していたのではないか。ユング派であり、ユング心理学研究所では1960年代の勃興期の研究・教育の中心人物としてチューリッヒ研究所で活躍した。しかし、後に突然辞して、アメリカに渡って、テキサス州ダラスを拠点としてわが国にも馴染みのあったスプリング社の書籍を多く出版し、そこから若い人々に思想的刺激を与え続けてきた。

　そのヒルマン先生が、人間の最後を我々に自らを提供し、「人の死」についていつも真剣に問いかけているようであった。通常、私はここでみだりに人に自分の夢を話してはならないと言い、彼からもそう教わっていたが、いまその許し乞うべき人はいないし、きっとここでは彼が許してくれるだろうと思って、思い切って彼の語る夢を話すことにした。

　ある朝彼が起きると、居合わせた者に話りはじめたのである。それは「長いギザギザした道であった。左によると道から落ちそうになるし、右に寄るとまた落ちそうになり、果てしなく歩いていく。道は長く、長く続きそこを歩いていた。」というものであった。そこで私が「どうしたら、落ちないでいけるでしょうか？」と尋ねると、「それは道自身が言ってくれるよ！」と答えて笑っておられた。また、我々は人間の死や死後の世界について随分と時間をさいて話した。お互いに超高齢になると考える課題である。彼はいろいろと自分の体験を話してくれたが、その中で印象的であったのが、「樋口さん、そう思わないか？　私たちは死後の世界をもう既に体験している。それは今迄とは違った世界に棲んでいる感じでそれはじつに豊富な体験だね。」そう言ってまたしても、私の顔を大きな青い瞳で覗き込む様に見詰める。私も、思わず「そうですね、確かに今迄見えなかった物が見えるし、世にいう「死んだ死」でなく、「生きている死」を体験していますね」というと、頷いてくれた。

　かねて私は、弓道で矢を射った後にのこる「残身」という姿勢の美しさは、ただ的を当てることが全てではなく、その終わった後の余韻が美しいといったことを思い出した。一体その人間の身体の亡くなったあと、どれ

ほど長くその余韻が留まるであろうか、肉体は朽ちてもイメージこそ鮮やかに生きているのだ、ということを思い出していた。

　ヒルマンさんは、数えることが出来ないほどの回数、来日された。それほど日本に愛着があったし、また日本文化を愛していた。しかし、自分が日本文化を知っているなど決してひけらかさず、その数多くの著書の中でも、控えめであった。しかし、その造詣は尋常ではなかった。それは、自分はあくまでも西洋という思想の流れの中で西欧の現代的な課題を論じているので、東洋に言及するのには全く門外漢で同一の線上では論じられないという立場にたっていた。そのくせ、日本人以上に日本についての造詣は尋常ではなかった。

　彼の書斎には六双の動物を描いた徳川初期をくだらない時代の日本画がいつも掲げられていた。それらすべてを今語ることはできないが、ただ一つ私の心に残ることがある。それは、彼の目を通すと全てが違った意味をもって活き活きとして見えることである。だから、いつも私は彼が目を注いだものを注目してみることしていた。ある時、修学院の近くのお寺の曼殊院の庭を案内したことがある。その日本庭園は素晴らしく日本の自然がそこにあると、私が解説すると、いやそれは自然ではなく、すべての木は刈り込まれて、死がどこにも厳しく充満して、自然なんて言うのは誤解だよ、と指摘された。下鴨神社の枯れた一本の老木に目をやり、その注連縄をみて、日本では枯れ木をなぜ珍重して保存しているのか、その木の神聖性にたいする尊敬が私には感じられると言ったりした。この種のエピソードの数はつきない。

　彼はわが国のユング心理学の発展にも多くの足跡を残した。
　思い起こすと、最初の出会いは勿論私にとって1964年のスイス留学時の分析家の選択に始まる。その時、彼はチューリッヒユング心理学研究所の中心的存在で、ディレクター・スタディーズであった。私に分析家として彼を薦めてくれたのは、故河合隼雄先生である。自分は年寄りのマイヤー(8)についているから、君は若手の彼がいいだろうといって推薦してくれた。

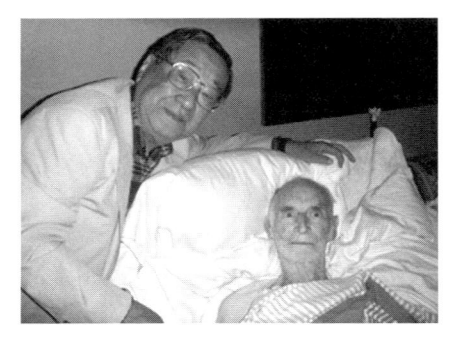

写真5　最後のお別れ。

以来半世紀の分析関係を継続したことになる。1965年には河合先生と組んで第一回のユング心理学海外研究ツアーが組まれ、チューリッヒでヒルマン先生やグッゲンビュール－クレイグ先生(9)などを招いて毎年のようにスタディ・セミナーを夏に開いていた。ギリシャ神話や錬金術などの名講義を聴いたものである。今日ユング心理学を背負っていられる先生がたも若き日にこの研究ツアーに参加されていたことを思い出している。

　さて、ヒルマン邸の滞在だが、やがてその残された日々の時間も私には残りすくなくなっていった。10月13日から、21日の早朝迄、正味8日間を先生の自宅で送ったことになった。そして、いよいよ別れの朝が来た。早朝の4時半には出発しなければならないので、多分先生は寝ていられるだろうと思っていた。奥様も先生も起きていられ私の出立を待っていてくれた。前日は遅くまで、テレビを見たり、話したりいつもとかわりなく話し合っていた。思えば、滞在中日本から持っていった能の『井筒』(10)を一緒に見たし、ワールドシリースのセントルイスとの試合が始まると、子どものように熱狂していた。私のために毎晩のようにぶどう酒で乾杯し、日本の想い出を語り、そして日本の酒を礼賛していた。私は、数多くの写真を自由にとらせて頂いたが、私が自分でとるので私と先生との一緒の写真がないことに最後になって気づいた。そして奥さんにお願いしてとって頂いたのが、ここに掲げたものである〔写真5〕。これが、先生との最後の別れとなり、そして、1週間もたたない2011年10月27日（日本時間26日）の早朝、先生は帰ら

写真6　お庭の大木と主のいない椅子。

ぬ旅の人となった〔写真6〕。

　そして想った。誰が、その死に至る日々をこのように、離れた国の弟子に一部始終を見せるか。誰が弟子に、やがてくる死の実相を教えるだろうか。そして、まことに人の魂はその個人が所有し、勝手にできるものではなく、それこそ大きな魂の中に、今は住まわせて頂いている事実を、今さらのように実感している。

注
(1) 今回の中国訪問 (Sep. 4-22, 2011) は Dr. Paul Kugler, Honorary Secretary on Exceutive Committee of the IAAP と共に復旦大学、華東師範大学、華南師範大学、澳門大学でのユング心理学講演で Dr. Heyong Shen 招待によるもの。
(2) この訪問は2010年8月11日より9月3日に帰国したが、その間ヒルマン邸での The Old Timers Party from Zurich to Dallas が8月15日から17日まで開かれた。その後8月22日から27日まで Montreal で開催された28th Congress of the International Association for Analytical Psychology に参加、24日の午後に行なわれたヒルマン博士を中心に8名の Break-Out Session での舞台の姿が国際学会での最後となった。
(3) Dr. Sonu Shamdasani ユングの「赤の書」の翻訳家。2011年6月4日京都で「ユングと近代の心理学」と題して学会の第2回学術大会で講演をされた。
(4) 緩和的療法（Palliative Care）WHO などの提唱によるがんの痛みからの解放を主に、それ以外の諸症状のコントロール、心理的苦痛、社会的またスピリチュアルな課題にも対処する療法である。
(5) Enrique Pardo 現在パリを中心に Pantheatre を主宰し、演劇活動をするペルー生まれの劇作家であり、舞台監督である。ヒルマンの友人であり、彼の影響を深く受けている人。
(6) Laurence Hillman, Dr. Hillman の息子さんで元型心理学占星術の研究家である。
(7) Valery Lyman, Boston と NewYork を拠点に Documentary Cinematographer の director として活躍中の人。
(8) C.A. Meier 河合隼雄の分析家で、ユングと同世代のユング派分析家。
(9) Addolf Guggenbuhl-Craig スイス時代からの友人でユング派の分析家。
(10) 日本古典文学集　謡曲集　1　井筒　小学館　1997, p.286-297.

講演録

エラノスと分析心理学
―― 河合隼雄にも触れつつ写真で歴史を振り返る

ポール・クーグラー

ポール・クーグラー（Paul Kugler）（通訳：河合俊雄）　25年もの歳月の後に、日本に戻ってこられたのをとてもうれしく思います。そしてまたこの講演をする機会を与えていただいて光栄です。

エラノス（Eranos）は、分析的心理学の歴史に置いて特別な位置を占めてきました。そしてエラノスは河合隼雄先生の学問的生活においても、個人的生活においても、特別な位置を占めてきました。今日のお話というのは、エラノスの精神と、それから、友人であり、同僚である河合隼雄先生に捧げるものです。

「エラノス会議」というのは、分析心理学の歴史において、文化的にも、そして文芸的に達成された極めて大切なことです。半世紀以上にわたって東洋、中東、西洋からの知的伝統がエラノスで出会ってきたのです。

例えば、プリンストンからのマックス・クノール（Max Knoll）であるとか、テヘランやパリから来たイスラム神秘主義のコルバン（Corbin）とか、スイスのユング（Jung）、そして、日本の鈴木大拙などが一緒にここで講演したわけです。

エラノスにとって中心的なのは、それがさまざまな学問分野にわたっていることと、さまざまな文化をカバーしているということです。さまざまな文化からのとても有名な講演者が、宗教、哲学、文学、自然科学、心理学、そして、医学についてここで講演したわけです。この会議の目的というのは、心の内的な変容を捉えるイメージを、さまざまな学問分野の中で次第に形成していくということでした。

写真2

写真1

　ここにある写真が、エラノスの有名な円形テーブル〔写真1〕です。ここで、講演者とゲストの人が一緒に食事をし、議論をするわけです。
　「エラノス会議」というのは、アスコナ（Ascona）の近くのマジョーレ（Maggiore）湖の湖畔で行われます。これが1930年代のアスコナの写真〔写真2〕で、アスコナというのは、南スイスのイタリア語地域にある町です。
　このオルガ・フレーベ（Olga Froeba）〔写真3〕というのが、「エラノス会議」を始めた人で、向こうに見えるカーサ・エラノス（Casa Eranos）〔写真4〕の上の庭に立っています。カーサ・エラノスの1階は講義室になっていて、2階が宿泊施設になっていて、ユングはよくそこに泊りました。

写真3

写真4

オルガ・フレーベは1881年、ロンドで生まれたオランダ人で、これは、1920年に撮られた彼女の写真〔写真5〕です。彼女はチューリッヒで美術を勉強して、後にオーストリアの音楽家であるイルヴァン・フレーベと結婚しました。1920年頃に、両親と一緒にアスコナを旅行して、両親が彼女にカーサ・ガブリエラ（Casa Gabriella）という、エラノスにある家を買ってくれたわけです。この真ん中の家が、カーサ・ガブリエラ〔写真6〕です。

写真5

写真6

1923年に、オルガ・フレーベは、この右手にある建物、カーサ・シャンティ（Casa Shanti）というのを建てます。これはゲストハウスです。

同じ年に、一番左手にあります、講義室があるカーサ・エラノスを建てます。何のために講義室をつくったかというのは、彼女には当時あまりはっきりしていませんでした。だから、この写真の一番左手にある建物が、カーサ・エラノスです。これは講義室の内部の写真〔写真7〕です。

フレーベは、西洋と東洋の間の

写真4

精神性とか、美的なものとか、あるいは、内的な変容についての交流の必要を感じたわけです。1932年に、あの有名なルドルフ・オットー（Rudolff Otto）〔写真8〕にフレーベは会って、この「エラノス」という名前に決定しました。

　ルドルフ・オットーは、ご存じのとおり、比較宗教学者で神秘主義者で、『聖なるもの（*The Idea of the Holy*）』という有名な本を書いています。

写真8

　フレーベはオットーに、西洋と東洋から著名な学者を招いて、学際的な会議を毎年開く計画を説明しました。ルドルフ・オットーは、そのアイデアと「エラノス」という名前を受け入れたわけです。古代ギリシャでは、「エラノス」というのは、「饗宴を共にすること」、あるいは、ピクニックということを意味していて、みんなが自分のものを持ち寄ることです。ギリシャ語の「エラノス」という意味は、フレーベが考えていた会議というのをとてもよく言い当てていたのです。

　オットーとの話し合いの後で最初に呼ばれた学者は、ハイデルベルクのインド学者のハインリッヒ・ツィンマー（Heinrich Zimmer）〔写真9〕です。ツィンマーは、「エラノス」という考えに熱狂的に共鳴して、1933年から1939年までエラノスで講義をしました。これは1935年の会議のときに撮られた写真です。

　フレーベは、1930年にドイツのヘルマン・カイザーリング（Hermann Keyserling）の学校でユングにはじめて会いました。オットーと話して、彼女は1933年8月の最初の「エラノス会議」にユングをに招待することに決めます。ユングはその招待を受け入れて、最初の年に「個性化の心理学的過程」という講義

写真9

講演録　エラノスと分析心理学 | 077

をします。

　このフレーベとユングの写真〔写真10〕は、カーサ・エラノスの外で1933年に撮られたものです。この「エラノス会議」というのは、様々な異分野の世界の有名な学者との共同作業をすることによって、ユングの仕事をまったく新しい形で見せることになりました。そして1930年代から50年代のはじめまで、ユングの晩年の重要な仕事の大部分は、このエラノスで発表されることになりました。エラノスを通して、ユングは生まれつつあった自分の新しい考えを、さまざまな文化、さまざまな学問分野、そして、さまざまな研究と対話させたわけです〔写真11〕。

　これは、エンマ（Emma）とカール・ユングが講義室の外側の石の上に座っているところです〔写真12〕。1924年にフレーベは、アスコナのモンテヴェリタ（Monté Verità）で開かれるマルティン・ブーバー（Martin Buber）〔写真13〕のセミナーに参加して、それから文通を始めます。10年後、フレーベはブーバーを第２回の「エラノス会

写真10

写真11

写真12

写真13

写真14

写真15

写真16

議」に招待します。

　ユング派の初期の分析家であるヨランデ・ヤコービ（Jolanda Jacobi）は、チューリッヒに1939年に移るはるか前に、「エラノス会議」に参加していました。この1935年の写真〔写真14〕で、ヨランデ・ヤコービは、講義室の窓から身を乗り出して、グスタフ・ホイヤー（Gustav Heyer）のほうを見ています。この写真を見るたびに、この2人は恋人だったのではないかなと思います。

　これは、1936年のジョン・レイヤード（John Layard）の写真〔写真15〕です。レイヤードは、高名なオックスフォードの人類学者であって、ユング派の分析家でもありました。彼は、人類学と分析心理学の関係について詳しく書きました。彼の一番有名な本というのは、『マレクラの石男（*The Stone Men of Malekula*）』についての研究です。たぶん皆さんは『セルティック・クエスト（*Celtic Quest*）』というのを書いた人としてご存知ではないかなと思います。レイヤードは、1937年から1959年の間に、5回エラノスで講義をしています〔写真16〕。

　1930年代に、フレーベはあちこち旅行をして、さまざまな元型的テーマを表しているような絵を集めることに忙しかったのです。大戦中に、フレーベはこんないっぱい絵を持って世界中を旅していたので、CIAにつきまとわれて発砲されたそうです。

1938年に、フレーベは新しいことをエラノスで始めました。それは、彼女がさまざまなところで集めた元型的な象徴性に関する写真の展覧会です〔写真17〕。このエラノスの講義室の外側の石の上に座っているマリー・ルイズ・フォン・フランツ（Marie Louise von Flanz）とユングの写真〔写真18〕は、1938年のものです。その年のユングの講義の題は、「母親元型の心理的な側面」というものでした。

写真17

1939年に撮られたこの写真〔写真19〕の左側は、メアリー・メロン（Mary Mellon）です。背景に、ユングがほかの誰かと話しているのが見えます。メアリー・メロンというのは、ボーリンゲン基金をつくり、そこからいくつものシリーズの本を出すためにとても貢献した人です。

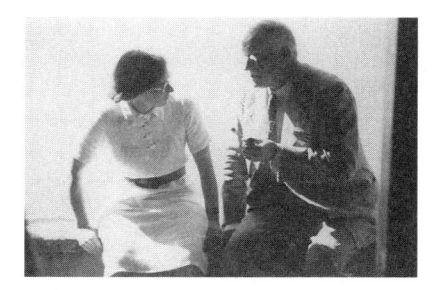

写真18

1937年の10月に、ユングはイェール大学でテリー・レクチャー

写真19

を行います。この講義の後で、ユングはニューヨークの分析心理学クラブにおいて夢セミナーを行います。このメアリーとポール・メロン（Paul Mellon）夫妻というのは、この夢セミナーに参加して、とても感銘を受けます。翌年の春に、メロン夫妻はチューリッヒに渡ることを決意し、メアリーはユングの英語のセミナーを聞くようになります。

あまり関係はないかもしれないけれども、このポール・メロンのお父さ

写真20

んというのは、ピッツバーグ・メロン銀行の頭取であって、ルーズベルト大統領のときの財務大臣をしていました。

　この英語のセミナーが終わった後で、メロン夫妻は、フレーベに会うためにアスコナに旅して、エラノスを訪れたわけです。後に、メアリー・メロンはフレーベに自分のエラノス訪問を次のように書いています。「最初にカーサ・ガブリエラのテラスに足を踏み出したときに、自分の心に最初に浮かんだのは、『あっ、私はここに属しているんだ』というものでした」。その夏の終わりに、メアリーとポール・メロンは、1938年の「エラノス会議」に参加します。

　この写真の右側の人が、ルイ・マシニョン（Louis Massignon）〔写真20〕です。ルイ・マシニョンというのは、エラノスでとてもダイナミックな講義をする人でした。1939年の「エラノス会議」での彼のテーマは、「モハメッドの世界における再生」というものでした。彼は、エラノスで1939年から1955年まで講義をしました。

　これは、ユングと、ギリシャ神話学者のヴァルター・オットー（Walter F. Otto）が、1939年の会議で話しているところです〔写真21〕。オットーは、『ホメロスの神々（*The Homeric Gods*）』とか『ディオニューソス（*Dionysus*）』とかいう本を書いている人です。日本語でも訳されています。ヴァルタ

写真21 　　　　　　　　　　　　　　写真22

ー・オットーは、1939年と1955年に講義をしています。

この写真〔写真22〕は、1939年の会議のときに、ポール・メロンとハインリッヒ・ツィンマー〔写真23〕を撮ったものです。この年に、メアリー・メロンは35歳で、後にボーリンゲン基金となるもののア

写真23

イデアを考え始めたところです。ボーリンゲン基金の「ボーリンゲン」は、もちろんユングの塔の建っているボーリンゲン（Bollingen）から取られているものです。特にツィンマーとマシニョンの講義に感銘を受けて、メアリーは後にボーリンゲン・シリーズに彼らの著作を出版するようになります。

1940年に、ハインリッヒ・ツィンマーは、家族とともにドイツから逃げ出して、ニューヨークに住むようになります。ツィンマーは、コロンビア大学に職を得て、モード・オークス（Maud Oakes）という有名な人類学者のアパートで私的なセミナーを行いました。

当時、大学院生だったジョーゼフ・キャンベル（Joseph Campbell）は、このアパートでのセミナーに参加を始めました。このセミナーをしている間に、ツィンマーはひどい風邪を引いたのですけれども、セミナーを続けました。その風邪から肺炎になって、ツィンマーは52歳で亡くなります。ツィンマーは、ジョーゼフ・キャンベルの仕事に一番影響を与えた人です。ツィンマーが亡くなった後、キャンベルは何年もかかってツィンマーの講義を出版し、また、その英訳を監訳しました。ツィンマーは、インドのスピリチュアルな文学をヨーロッパに伝えたという意味で一番大事な人だと思います。

1940年、戦争で旅行が制限されていたために、フレーベは象徴的な「エラノス会議」をオーガナイズすることにします。たった1人、スイスの数学者である、チューリッヒ大学のアンドレアス・シュパイザー（Andreas Speiser）〔写真24〕が、「プラトンの知られざる神」について講義をするよ

写真24

うになっていました。思いがけないことに、40人の人が参加して、その中にユングも含まれていました。そのときに、ユングは「三位一体の心理学」という重要な講義をしたわけです。

1941年の「エラノス会議」も、再び戦争の影響を受けて、4つしか講義はありませんでした。ユングは「ミサにおける変容の象徴」について話し、ユングと一緒にこの写真〔写真25〕に出ている人ですけれども、マックス・プルファー（Max Pulver）が「グノーシス主義」について話し、そして、ギリシャ神話学者のカール・ケレーニィ（Karl Kerenyi）が初めてプログラムに載りました。

このケレーニィの写真〔写真26〕は、1941年に撮られたものです。当時、ケレーニィはハンガリーの古典文献学の教授でした。彼は、ヴァルター・オットーの学生であって、同じくハンガリー人であるヨランデ・ヤコービによってユングに紹介されました。1939年に、ケレーニィはユングと共著で『神話学入門』という本を書きました。これは日本語に訳されています。

エラノスでの講演者の中で、ケレーニィというのは、とってもドラマティック、劇的な講演者であって、白髪でとても鋭く刺すような目つきをし

写真25

写真26

ていました。この写真は、彼のカリスマ的存在というのを捉えていると思います。ケレーニィは、1940年から1950年の間、講義をして、とてもポピュラーでした。1950年に、フレーベは、ケレーニィがあまりにもカリスマ的になっていることを恐れて、もうそれ以降、彼を招待しませんでした。フレーベは、エラノスというのは、たった１人の人物だけに焦点が当たるべきではないと考えていたわけです。1962年に、フレーベが亡くなってから、ケレーニィは再び、1963年の「エラノス会議」に招待されて講義をしました。

このユングとメダルト・ボス（Medard Boss）の写真〔写真27〕は、1942年の会議のときに撮られたものです。メダルト・ボスは、まずウィーンのフロイト（Freud）の元で学び、それから、チューリッヒのブルクヘルツリ（Burghölzli）クリニックで、ブロイラー（Bleuler）の元で学び、その後、1938年から10年間、ユングと親交を交わしたわけです。

この期間、1938年から1948年の間、ユングはボスをキュスナハト（Küstnacht）の自宅で２週間に１回開かれる臨床セミナーに招待しました。その臨床セミナーは、当時のチューリッヒのさまざまな学派の指導的な治療者によって行われたものです。

写真27

1947年に、ユングとボスは、臨床的事象よりも理論を優先するかどうかという問いを巡って決裂してしまいます。どちらも、相手が臨床よりも理論を優先させたと非難して決裂するわけです。２人の往復書簡を読みましたけれども、まあお互いまったくの誤解をしていて、それぞれ臨床というのが一番大事なことだと述べているのですが、相手を非難して決裂してしまいます。

ボスは、その後、現存在分析を打ち立てるようになるわけです。このユングとのセミナーを去った後、ボスはマルティン・ハイデガー（Martin

写真28

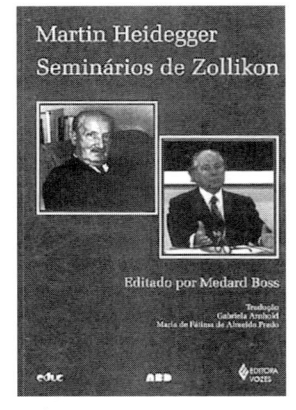

写真29

写真30

写真31

　Heidegger）に手紙を書いて、交流を始めて、10年後にボスとハイデガーはツォリコーン（Zollikon）のセミナーというのを始めます。ボスのハイデガーとのセミナーは、10年間続きます。これは、そのセミナーから生まれた本〔写真28〕です。日本語に村本詔司さんが訳したものが出ています。
　1943年の「エラノス会議」は、その10年間で初めてユングがプログラムに登場しなかったものです。
　1943年の5月に、39歳の誕生日を迎えた直後のメアリー・メロンは、ボーリンゲン・シリーズを打ち立てます。後に、彼女は「ボーリンゲンとい

うのは私のエラノスだ」と書くようになります。このメアリー・メロンの写真〔写真29〕は、1938年にエラノスを訪れたときに撮られた写真です。

ユング〔写真30〕は1944年の「エラノス会議」にも参加したのですけれども、講義はしませんでした。この年の2月ですが、ユングは脚を骨折して入院しているときに、心筋梗塞で亡くなりそうになります。

この写真〔写真31〕は、1946年に、物理学者のエルヴィン・シュレーディンガー（Erwin Schrödinger）とユングが円形テーブルの庭で話しているところです。その年の会議のテーマは、「スピリットと自然」でした。ユングは、心理学の精神について講義して、シュレーディンガーは自然哲学における精神について講義しました。理論物理学者として、シュレーディンガーは、1930年に波動力学の発見によってノーベル賞を得ます。

アドルフ・ポルトマン（Adolf Portmann）のこの写真〔写真32〕は、1949年の会議のときに撮られたものです。ポルトマンは、バーゼル（Basel）大学の生物学の教授でした。彼は、1946年から1977年まで、全部で31年間、エラノスで講義をしました。フレーベが1960年に亡くなって以来、ポルトマンが「エラノス会議」を導いていく人となったわけです。ポルトマンの終生をかけたプロジェクトというのは、生物学に倫理的で、また、美的なオリエンテーションを与えるということでした。

1946年にポルトマンはエラノスで初めて講義をし、そして、その年の10月11日に、この「エラノス会議」が終わってから6週間後ですけれども、メアリー・メロン〔写真33〕が突然42歳で亡くなります。そのとき、彼女はバージニア州に住んでいて、ボーリンゲン基金を監督していました。メアリー・メロンは、朝に馬に乗ってご主人と一緒に出かけたわけ

写真32

写真33

です。そうして、喘息発作に襲われます。治療のための道具が乗馬中に壊れてしまったので、彼女はすぐ治療を受けることができませんでした。喘息が悪化して、その日の午後に彼女は亡くなりました。

　亡くなる1年前に、メアリー・メロンはエラノスを買い取って、財政的にしっかりしたものにして、ボーリンゲンとエラノスの間を繋ぐということを考えていました。彼女が亡くなって数年後に、フレーベは、旦那のポール・メロンにアプローチして、エラノスを買う話のことを尋ねました。けれども、ポール・メロンはもう再婚していて、メアリーのエラノスを買うというアイデアを続ける気はなかったのです。

　この写真の左側がクィスペル（Quispel）です。右側はポルトマン〔写真34〕です。クィスペルはオランダ人のグノーシス主義の学者で、30代に既に招待されて、毎年エラノスで講演をするようになりました。クィスペルは、1947年から1971年の間に、13回の講義を行いました。

写真34

　1947年という年は、グノーシス研究にとっては画期的な年です。1947年の冬に、エジプトの上流で13のグノーシスの写本が見つかったときに、そのうちの1つがボーリンゲン寄金に提供されました。ところが、それをボーリンゲンは断ったのです。そのときに、当時、オランダの高等学校の先生だったクィスペルは、介入することを決めます。結局のところ、クィスペルは、その写本をパリに置くことができて、チューリッヒの分析家であるC. A. マイヤー（Meier）の助けを得てそれを買うわけです。

　1952年の5月10日に、クィスペルはそのグノーシスの写本をチューリッヒのユング研究所のために獲得します。この写本は、後に「ユング写本（The Codex Jung）」として知られるようになって、グノーシス研究にとてても重要な役割を果たすことになりました。

　1947年の8月25日、「エラノス会議」がちょうど終わったときに、ユ

ングはカーサ・ガブリエラでボーリンゲンとケーガン・ポール（Kegan Paul）という出版社に、自分の全集の英語の翻訳の契約書にサインをします。このプロジェクトは、メアリー・メロンが自分の死に至るまで一生懸命かかわったものです。ケーガン・ポールの編集者であったハーバート・リード（Herbert Read）は、ハル（Hull）にこの翻訳をすることを提案しました。もし何らかのユング全集の英訳を皆さんが読んだことがあるならば、それは、おそらくはこの人による翻訳なわけです。

このハルの写真〔写真35〕は、カーサ・ガブリエラで1950年代に撮られたものです。ハルは医学生であって、それから、後に詩人、ジャーナリスト、翻訳家になりました。彼は、第二次世界大戦中に、軍のために暗号解読の仕事をしていたそうです。

その契約書にサインして4カ月後に、ハルは入院することになりました。四肢が麻痺してしまったわけです。だから、この写真でも車椅子に座っています。それにもかかわらず、その年の1月に、ベッドに横たわりながら、彼は『心理学と錬金術（*Psychology and Alchemy*）』を翻訳して、奥さんに書き取ってもらったそうです。ハルは、第2巻の『連想実験の研究（*Experimental Studies*）』を除いて、全部を英語に訳しました。

写真35

エーリッヒ・ノイマン（Erich Neumann）〔写真36〕は、1948年から1960年の間、エラノスで講演しました。このノイマンの写真〔写真37〕というのは、

写真36

写真37

1948年の会議のときに撮られたものです。1905年にドイツに生まれたノイマンは、文学とユダヤ神秘主義を勉強して、後に医学のほうに変わりました。彼は哲学で博士号を取ったけれども、医学の学位を取る前に、1934年にドイツからテルアビブに逃げないといけなかったわけです。

　1947年に、ノイマンはヨーロッパへ旅行して、幼なじみの分析家のゲルハルト・アドラー（Gerhard Adler）とアスコナで休暇を過ごします。アドラーは、ノイマンをフレーベとエラノスに紹介しました。ノイマンにとっても感銘を受けて、フレーベは、ノイマンをエラノスに招待するわけです。そのときの彼の講義は、「神秘的人間」です。

　フレーベは、自分が10年以上かかって集めてきた、さまざまな絵とか写真をノイマンに見せて、それについて元型的なテーマについて書いてくれないかなと考えました。ノイマンは、彼女が集めてきたもので、元型的な女性性についての研究を始めました。その結果が『グレートマザー（*The Great Mother*）』という本で、250のエラノス・アーカイブからの写真を入れたものです。

写真38

イスラム神秘主義のスーフィズムの高名な学者であるアンリ・コルバン（Henry Corbin）は、この1951年の写真〔写真38〕にユングと一緒に登場しています。数年前に、コルバンは、同じようにイスラム神秘主義の学者であるルイ・マシニョンによってエラノスに紹介されました。コルバンは、1949年から1976年の間、27年間にわたってエラノスで講義をしました。彼の学術的な生涯の中で、彼はパリとテヘランで教えてきました。コルバンは、ジェイムズ・ヒルマン（James Hillman）の元型的心理学の誕生と発展に大きな寄与を成した人です。

　これは、ゲルショム・ショーレム（Gershom Scholem）が初めて「エラノス会議」に登場した、1949年のときの写真〔写真39〕です。ユダヤ神秘主義の有名な学者であったショーレムは、とてもユーモアのセンスのある講

演者でした。彼は、1949年から1979年の間の30年間、エラノスで講義をしました。

　コルバンは、エリアーデ（Eliade）とパリでの知り合いで、エリアーデをエラノスに1949年に紹介しました。その次の年に、エリアーデは招待されて、「宗教の心理学と歴史」という講演をしました。この写真〔写真40〕は、1949年の会議のときのものです。エリアーデは、1950年から1967年の間、エラノスで講義をしました。

　マックス・クノール（Max Knoll）は、プリンストン大学の物理の教授で、エラノスで1951年から1965年の間、科学史について講義をしました。このクノールの写真〔写真41〕は、1951年の会議のときに撮られたものです。1934年に、クノールと彼のところの院生だったエルンスト・ルスカ（Ernst Ruska）は、電子顕微鏡を発明しました。クノールは1969年に亡くなりましたが、その17年後、一緒に発明したルスカが、電子顕微鏡の発明でノーベル物理学賞を得るわけです。

　この写真〔写真42〕の左にゲルハルト・ア

写真39

写真40

写真42

写真41

写真43

写真44

ドラー、真ん中にノイマン、そして、クィスペルが、1951年の会議のときの講義室の外側に座っています。ボーリンゲンとケーガン・ポールが、ユング全集の翻訳を準備しているときに、彼らはハーバート・リードとマイケル・フォーダム（Michael Fordham）を編集者として選びました。ユングは、それに加えて、ゲルハルト・アドラーを、ドイツ語ができるからということで加えてもらうようにしたわけです。

　ユングは、1951年にエラノスで最後の講演をします〔写真43〕。それは「共時性」についてです。後にユングのレクチャーは、ノーベル賞を得たヴォルフガング・パウリ（Wolfgang Pauli）〔写真44〕との共著として出版されました。これもユングが成してきた学際的な共同作業で生まれたものです。

　この写真〔写真45〕は、アイラ・プログロフ（Ira Progroff）と鈴木大拙が、1953年の会議に出席しているときのものです。鈴木大拙が初めてエラノスで講演したとき、80歳を超えていたそうです。それ以前にユングは鈴木大拙の『禅仏教入門』への序文を書いていました。

　この写真〔写真46〕は、ジョーゼフ・キャンベル、その妻でダンサーであるジーン・アードマン（Jean Erdman）、ハル、そして、その息子のジェレミー（Jeremy）を1953年にアスコナで撮ったものです。キャンベルは、1949年にボーリンゲン基金の枠組みで、エラノスでのレクチャーから選んで、英語での翻訳を出すという事業を始めました。1954年から1968年の間に、『人間と時間』とか、『精神と自然』とか、『人間と変容』などのような6巻の「エラノス会議」からの英訳本が出版されました。1953年にキャ

写真45

写真46

ンベルは初めて「エラノス会議」を訪れて、1957年と1959年に自ら講義をするために再訪しました。

　これは1950年代のエラノスで、クルト・ヴォルフ（Kurt Wolff）を撮った写真〔写真47〕です。パンセオン・ブックス（Pantheon Books）を創立したヴォルフは、25年にわたってボーリンゲン基金の出版社であったわけです。1956年の「エラノス会議」に参加中にヴォルフはユングに、アニエラ・ヤッフェ（Aniela Jaffé）と共同で自伝を書くことを説得しました。

　1956年に、フレーベ〔写真48〕は、エラノスでの絵や写真のアーカイブを、ロンドンのワーバーグ研究所（Warburg Institute）に寄贈して、それのコピーをチューリッヒのユング研究所とニューヨークのユング基金に残しました。ニューヨークでのエラノスの絵や写真のアーカイブは、後にニューヨークで今日の「ARAS」（元型的象徴性の研究のためのアーカイブ）として知られているものに発展したわけです。「ARAS」というのは、インターネットでもアクセスできます。

　フレーベが亡くなった後、ルドルフ・リッツェマ（Rudolph Ritsema）とカトリーヌ・

写真47

写真48

リッツェマ（Catherine Ritsema）というオランダ人の夫婦がエラノスの運営を引き受けるようになりました。この写真〔写真49〕は、フレーベがリッツェマ夫妻と1958年の会議のときに散歩しているものです。

エラノスには、3つの建物の間を結ぶとてもきれいな庭のテラスがいくつもあります。この掘った石〔写真50〕は、カーサ・ガブリエラの庭にあります。これには、ユングとクィスペルの示唆によってラテン語で献辞が刻まれていて、「この場所の知られざる精霊に捧ぐ」という言葉です。1962年4月25日にフレーベが亡くなったときに、彼女の灰は、この記念碑の横に埋められました。

この写真〔写真51〕にある井筒俊彦は、1967年から1982年にかけて、エラノスで禅仏教、道教、それから、孔子について講義しました。彼は、いつも日本の着物を着て話しました。

当時、チューリッヒのユング研究所の教務担当をしていたジェイムズ・ヒルマンは、1964年の「エラノス会議」を訪れました〔写真52〕。ヒルマンは、エラノスに来ている講

写真49

写真50

写真51

写真52

演者を、チューリッヒのユング研究所でも講演してもらおうと交渉に訪れたわけです。ところが、逆にヒルマンは、自分がエラノスで講演するように招待を受けてしまいました。1966年のエラノスで、彼は「心理学的な創造性」という、最初のエラノスでの講義をします。

ユングの秘書であったアニエラ・ヤッフェは、1971年から1975年にかけて、4回エラノスで講義しました。彼女の最後の講義は、ユングの生誕100年を記念して行われたもので、「ユングとエラノス会議」というものです。このヤッフェの写真〔写真53〕は、1972年のときに撮られたものです。この1972年に、私（ポール・クーグラー）は初めてエラノスを訪れて、それからエラノスが終わるまで毎年聴きにいきました。

1975年にディヴッド・ミラー（David Miller）〔写真54〕が初めてエラノスで講義をしました。ミラーは、1975年から1988年にかけて、7回エラノスで講義を行いました。1978年と1985年、マリー・ルイズ・フォン・フランツ〔写真55〕がエラノスで講義をしま

写真53

写真54

写真55

写真56

した。1978年のテーマは、「時間の中と外」です。この写真〔写真56〕のディヴッド・ミラーは1980年の講義をしているところです。その会議のテーマは、「極限と境界」というものです。

　この写真〔写真57〕は、禅仏教の上田閑照先生です。1981年のときに撮られたものです。中世と現代の神秘主義の専門であって、京都学派を代表する人です。上田閑照さんは、1976年から1987年の間に、5回エラノスで講演しています。

写真57

写真58

　1982年に、ヴォルフガング・ギーゲリッヒ（Wolfgang Giegerrich）〔写真58〕は、エラノスでの最初の講演を行います。1982年から1988年の間に、ギーゲリッヒは7回エラノスで講演しています。

　この写真〔写真59〕は、河合隼雄が1983年に初めて講演したときの写真です。私は、河合先生に、その年の夏、プライベートのセミナーでニューヨークのバッファローで会いました。1983年から1988年の間、彼はエラノスで6回講演をして、日本の神話、精神性とか

写真59

昔話について話しました。当時、河合先生は京都大学の教育学部の学部長をして、後に学生部長をし、その後、文化庁長官になりました。けれども、河合先生というのは、我々にとって一番記憶に残っているのは、先生として、そして、著者として、音楽家として、友人として、そして、父としての存在です。

　これが1983年の、最初の講義のときの写真〔写真60〕です。彼は1965年に、チューリッヒで分析家としてのトレーニングを終えて、日本人としての最初の分析家になりました。彼は、国際箱庭療法学会の設立者であったし、日本のユング派の分析家、AJAJ（日本ユング心理学会）の設立者でもあったし、それから、日本の心理臨床学会の設立者でもあったわけです。

写真60

　特に河合先生の講義で記憶に残っていることがあります。そのときの彼の講義のテーマは、とても複雑な日本神話でした。その講義の途中で、自分の草稿から離れて、この草稿を書いたことに関してちょっとコメントをしました。そのコメントによると、その神話を英語で要約するというのがちょっと難しかったわけです。それで、彼は大学の同僚にそういう要約を知っているかと尋ねました。英語での神話の要約を読んでいて、河合先生は、その物語が本当はどういうものか気づいて驚いたのだそうです。その要約のために、とても複雑な話が、ある意味簡単になったわけです。

　それで、次のようなコメントをしました。それは、「日本神話は朝の4時に、とても霧のかかった夜に、満月がかかっているときに窓から外を眺めるようなものだ」と河合先生は言ったわけです。そして続けて、（英語での要約は）「翌日に、同じ窓のところを通りかかって、外を眺めているときに、この明るい日の光の中で、すべてははっきりしているけれども、そうすると、もはや美しくもなく、それは神秘的でもない」というふうに言いました。

写真61

この写真〔写真61〕は、彼がそのときにゲストとして住んでいた、カーサ・カブリエラのバルコニーで、草稿を準備しているところを撮ったものです。彼は、エラノスに着くと、私（クーグラーさん）になるべく早く会えるようにメッセージを残しました。私がカーサ・ガブリエラに着いたら、河合先生の英語のレクチャーを私が編集する時間があるか尋ねたかったわけです。そして河合先生はいつものように冗談ぽく、講義はちょっと短いので、何か面白い考えがあったら自由に何でもつけ加えてくださいと私に言ったものです。

河合俊雄は、父の講義を聴きに毎年エラノスに行っていました。当時、チューリッヒ大学で博士論文を書いていて、チューリッヒでもトレーニングを受けていました。これは〔写真62〕、河合俊雄と、真ん中のヴォルフガング・ギーゲリッヒ、右手のディヴッド・ミラーが講義室の外で話しているところです。

写真62

1985年の会議のテーマは、「出来事の隠れた流れ」でした。これは、ヒルマンが、1985年の会議でパラノイアについて話しているところです〔写真63〕。1966年から1987年の間に、ヒルマンはなんと15回も講義をしました。それは、ユングよりも、ノイマンよりも多い数なわけです。

写真63

これは1985年のときのもので、私、クーグラーと河合隼雄〔写真64〕です。多くの写真がそうです

が、講義室の外の石の塀みたいなところに座って話しているところです。河合先生はこの写真にコメントして、この写真を見ると、いかに日本の魂というのが、あなた（クーグラー）の世界の見方に影響を与えているのがわかるそうです。そして「あなたの目は、もう既に東洋的になりつつある」と続けました。なぜか知らないけれども、ちょうど半分目を閉じたときにシャッターが下りてしまったので。

1985年に、マリー・ルイズ・フォン・フランツ〔写真65〕は、「ニケ（Nike）とスティックス（Styx）」というタイトルでの彼女の最後のエラノスの講義を行いました。

これは〔写真66〕1988年の最後の会議のときに撮られたものです。ヒルマンと、ギーゲリッヒと、私クーグラーが過去の会議の写真を見ているところです。

写真64

写真65

写真66

1988年の会議というのが、フレーベのもともとのデザインで始められたものとしては最後のものになったわけです。この会議をやめるというのは、経済的理由とか、ルドルフ・リッツェマが方向を変えたとか、いろんな理由によるわけです。その後も、エラノスでは、セミナーが続けられたりとか、アスコナのホテル（ホテル・タマロ）で会議がされたりはしたのですけれども、1988年をもってオルガ・フレーベが最初に考えられた形でのエラノス会議は終わってしまいました。

これまで白黒の写真だったのですけれども、最後の写真〔写真67〕はカラーです。この眺めは、参加者が講義室からマジョーレ湖、そして、その向こうにあるイタリアのアルプスが見えるところです。
　「エラノス会議」というのは、1988年に終わってしまったのですけれども、それの、知的、文化的、そして、心理学的な意味というのは、今後も毎年続いていくことでしょう。

写真67（講演ではカラーだった写真をモノクロで掲載）

　河合　これで終わりですが、もし何か質問とかありましたら。だいたい時間は来てしまっているのですが、短い質問ならお答えすることはできるかなと思います。エラノスという場所は、クーグラーさんにとっても、私にとっても、とても思い出深い場所、とても濃密な場所ですよね。

　質問者　河合隼雄先生の講義で何か印象深く、どのようなところが他の演者と異なりましたか。

　クーグラー　だから、スタイルがとても違うのじゃないかなと思いました。その前に、エラノス会議の構造がどういうふうにされているか説明をしないといけないと思います。
　9時に講義が始まりますが、1時間話します。でも、だいたいみんな長

めに話すのですが、その後に休憩時間があって、お見せしたのも休憩時間の写真が多いのです。休憩時間にみんないろいろしゃべったりするのだけれども、聴衆には、湖に飛び込んで泳ぐ人もいます。講演者は、あっちの家（カーサ・シャンティ）に戻ってシャンペンを飲んだりとかして、それで、また休憩が終わって後半部分がある、ほぼ２時間のレクチャーなのです。

　河合隼雄先生はほかの人よりゆっくりめに話すということと、それから皆はヨーロピアン・スタイルで、講義＝Vorlesung（前で読む）、つまり本当にみな原稿を読むのだけれども、河合隼雄先生はけっこうテキストから離れてしゃべることがありました。それで、わりとテキストを離れて、自分はどう書いたかとかいうことについてコメントをすることができます。その辺がとても違うなと思いました。だから、聞いていても、とても講演者との関係が持てるという印象を受けました。

　でも、参加者にとってはものすごく大変です。というのは、長い複雑なレクチャーで、もうみんな１年間かけて準備してきていて、しかも、英語、ドイツ語、フランス語と、それぞれの言語で講義がなされて、かなり参加者にとってはきつい気がします。

　そんな形式で一切翻訳が、通訳がない。講演者が言いっ放しで帰っていくというスタイルをとっています。

論 文

研究論文
ユング『赤の書』と『タイプ論』

小 木 曽 由 佳
京都大学大学院教育学研究科

1　はじめに

　2009年、ユング（Jung, Carl Gustav 1875-1961）の『赤の書（*The Red Book: Liber Novus*）』が世界同時公刊され、これまでいくつかの著作で散見されるのみであった彼の圧倒的なヴィジョンの詳細、絵画の数々を目にすることが可能となった。
　『赤の書』の始まりは、1913年10月に遡る。ユングはひとりシャッフハウゼンへと向かう列車の中でヨーロッパ全体が途方もない大洪水に見舞われるヴィジョンを見る[注1]。これを皮切りに、しばらく前から高まりつつあったユングの「内的圧力」は極限に達し、彼は絶え間ない空想の奔流に見舞われることになるのである。
　大洪水のヴィジョンを見た1913年の初頭には、ユングの人生にとって非常に重要な出来事があった。1907年2月から特別な親交の下にあったフロイト（Freud, Sigmund）と決定的に袂を分かったのである。すでにこの前年には、ユングの著書『リビドーの変容と象徴』（1912）が二人の見解の相違を露にしており、その執筆中から予期されてはいたものの、フロイトとの訣別はユングに大きな打撃を与えることになった。1913年1月6日付の手紙を最後にフロイトとの個人的な関係を絶ったユングは、当時のこと

を振り返って、以下のように述べている。

> フロイトとの別れの後、私にとって内的な不確実さ、つまり方向喪失の時期が始まった。私は完全に宙吊り状態にあると感じた。なぜなら、私は私自身の立脚点を未だ発見していなかったからである。
> (Jung/Jaffé, 1962: 174)

　こうしてユングは確かな「立脚点」を持たないまま、自らに起こるイメージに身を任せていくことになる。彼はこの間起こった出来事を、「黒の書」と呼ばれるノートに書き留め、その第一冊目を「私の最も困難な実験の書」と名づけた（Shamdasani, 2009）。その後ユングは、「黒の書」の記録を数年かけて『赤の書』の草稿に写し、解釈と絵を挿入するという作業に従事する。大学講師としての経歴を捨て、自らの内的な世界に取り組む道を選ぶのである。[注2] 彼が暗闇からようやく脱出し始めたのは、第一次世界大戦が終わりかける1918年頃のことであったという。後にユングは、後年の仕事はすべてこれらのヴィジョンから生じてきたものだったと振り返り、この時期のことを「生涯の仕事の第一質料」と表現するようになる（Jung/Jaffé, 1962）。

　そして最初のヴィジョンから実に8年が経過した1921年、『赤の書』の体験以後初のユングの大著『タイプ論（*Psychologische Typen*）』が出版される。Homans（1979）は、これについて次のように劇的に述べている。「驚くべきことに、この［精神的危機の　註：筆者］時期が過ぎ去ったとき、新しい思想、すなわちユング自身の思想が中心を占めることになったのである。そしてその新しい体系の鍵となるのが、タイプの理論であった」。

　『タイプ論』の成立時期は、ユングが理論を構築していく過程が、『赤の書』の「自己実験」の過程と並行関係にあったことを推測させる。彼がこの研究を「方向喪失」状態における「自身の立脚点」として見出したのだとすれば、なぜ彼は特にタイプの理論を選んだのか。また、『赤の書』における体験は、ユング思想の「鍵」とも言われる『タイプ論』をどのように醸成したのか。本論では、ジェイムズ（James, William 1842-1910）とい

う思想家に対するユングの姿勢の変化を手がかりに、この問いをめぐって考察していくことにする。

2　タイプ理論の構築とW.ジェイムズ

(1)　「無意識との対決」の物語の再考

　先の引用でユング自身が述べていたように、フロイトとの訣別はユングの大きな「方向喪失」を招いたという。彼の『自伝（*Erinnerungen, Träume, Gedanken*）』では、「ジークムント・フロイト」の章の直後に、『赤の書』の時期にあたる「無意識との対決」の章が続いており、別れによる喪失体験に一人で勇敢に立ち向かい、復活を遂げるという彼の英雄的な物語を印象付けている。このフロイトの線から見たユングの物語は、明瞭かつ劇的なものであり、従来のユング研究は概ねこれに従い、彼の思想を読み解くうえでの自明の前提とみなしてきた。しかしながら、この物語をもう少し複線化して考えてみる必要を示唆する資料が近年になって注目されつつある。

　『赤の書』の編者でもある Shamdasani（1995; 2003; 2005）の調査によれば、『自伝』成立の過程において、複数の人物の手によっていくつかの重要な箇所の編集・削除がおこなわれていたという。そして、そうした編集箇所の中には、「フロイト」の章の後（先述の二章の間）に本来存在するはずであった、ある一章も含まれていた。「テオドール・フルールノワとウィリアム・ジェイムズ」と題された幻の章において、ユングはこの二人の心理学者の存在が「フロイト批判を固める際の助けとなり、フロイト以後の心理学を系統立てて述べる際の方法論的な前提条件を提供した」として、その意義を高く評価していたという。また、とりわけジェイムズについて、ユングは学問上の恩義を詳細に描き出そうと努めるとともに、ジェ

イムズの最晩年に会合した時のことを回想し、ジェイムズは彼が「出会ったなかで最も傑出した人物のうちの一人」であり、自らの「手本」であり続けたと、その人柄に最大の賛辞を送っていたというのである。

　この一章の位置づけを考慮すれば、『自伝』における「無意識との対決」の意味合いはいささか異なった様相を帯びてくる。ユングは、フロイト喪失に始まる夜の航海にたった「一人で」乗り出したのではなく、そこには何らかの水先案内人が存在していたかもしれない。その後打ち立てられる「ユング自身の思想」は、決してにわかに現れ出たものではなく、「方法論的な前提条件」を持つものであったと推測することが可能になるのである。[注3]

　彼の思想生成の場面に立ち合うためには、再度1913年まで時間を遡る必要がある。

(2) 『赤の書』前夜のタイプ理論

　実は、方向喪失期の直前、ユングのとある講演が、すでに『タイプ論』の構築を準備していた。ユングは、フロイトとの訣別の手紙から数ヵ月後の1913年9月、講演「心理的諸タイプの問題のために（Zur Frage der Psychologischen Typen)」（以下、「心理的諸タイプ」）にて、『タイプ論』の萌芽とも言うべき様々な重要概念を提示している。ここでユングは、ヒステリー患者と統合失調症患者に対比的に見られるリビドーの流れを「外向 (Extraversion)」および「内向 (Introversion)」と定義し、これを人間一般の問題へと拡張して論じていく。

　タイプの問題に関心を持った理由について、ユング自身、後に次のように語っている。

> これを始める経緯には、次の問いが重要な役割を演じていた。フロイトから、そしてアドラーから私をどのように区別すればよいか、われわれの見解の相違はどこにあるのか、という問いである。これについて熟考するうちに、私はタイプの問題に出くわした。
> 　　　　　　　　　　　　　　　　　　　　（Jung/Jaffé, 1962: 211）

フロイト、そしてユングとほぼ同時期にフロイトから離反していたアドラーとの間で、自らをどのように位置づけるかという問題は、ユングにとって喫緊の重要課題だったのである。[注4]

その探索のまさに最初期とも言える講演で、自らの論を根拠づけるために様々な領域の著名な思想家の議論を取り上げる中、ユングが筆頭に挙げたものこそ、ジェイムズの類型論であった。「管見の限り、この観点による最も妥当な観察をおこなったのは哲学者ウィリアム・ジェイムズである」(Jung, 1913: §864) として、『プラグマティズム（*Pragmatism*）』(1907)におけるジェイムズの議論をきわめて詳細に紹介していくのである。

この講演の前年の1912年にも、ユングはすでに『プラグマティズム』に言及している。アメリカのフォーダム大学での講演録が出版される際の序文において、彼がジェイムズの『プラグマティズム』を「自らの導きの糸として受け取った」と述べているのだ（Jung, 1912: 110）。

フロイトとの訣別前後のユングが拠り所とし、高く評価したジェイムズの『プラグマティズム』とはどのようなものであったのか。ここで概観してみることにする。

プラグマティズムは、論理学者パース（Peirce, Charles Sanders 1839-1914）が1878年に初めて提唱して以来、20世紀のアメリカを中心に興隆を遂げ、現代思想の一大潮流を成した思想である。わが国では実用主義、道具主義、実利主義などと訳されるプラグマティズムの思想は、一括りに「有用性」の観点を強調するものと理解されることが多い。[注5]ところが、プラグマティズムを掲げる思想家たちの議論を見ていくと、論者の立場や性質によって、草創期からすでに微妙な差異が生じていたことがわかる。ユング自身の記述の中にも、ジェイムズの思想と、他の思想家の論じるプラグマティズムとの間に区別を設けようとする箇所が存在することも踏まえ、[注6]ユングが示しているのが、あくまでジェイムズという思想家を通して語られた「プラグマティズム」であったことに留意しておく必要があるだろう。

1898年の講演で、ジェイムズが友人パースの説として紹介したことで、プラグマティズムの名は一躍脚光を浴びることになる。1907年に出版された『プラグマティズム』は、この講演をさらに体系化し、1906年から1907

年にかけてコロンビア大学にておこなわれた一連の講義の記録である。

　ジェイムズによれば、真理とは唯一不変の絶対的なものではない。それを信じる人にとって「有益」で満足を与えるものをこそ、それぞれの真理と見なすべきである。したがって、哲学史上繰り返されてきた思想上の対立も、どちらが正しいかという問いによっては解決することはできない。そこでジェイムズは、「哲学の歴史はその大部分が人間の気質の衝突ともいうべきものの歴史である」と述べ、哲学史上繰り返されてきた思想の対立を「気質的」相違へと遡及して論じていく。ジェイムズによれば、哲学の歴史は、合理論と経験論の対立の歴史と換言される。彼は前者を「軟い心（tender-minded）」、後者を「硬い心（tough-minded）」と呼ぶ。そして、「原理」に従う「軟い心の人」の特徴として、主知主義的・観念論的・楽観論的・宗教的・自由意志論的・一元論的・独断的という形容詞を、一方「事実」に従う「硬い心の人」には、感覚論的・唯物論的・悲観論的・非宗教的・宿命論的・多元論的・懐疑的の形容詞を割り当て、哲学者のこうした本来的「気質」の相違のうちに、思想の対立の根本原因を見たのである（James, 1907: 14/1957: 15）。では、これがどのような点でユングの「導きの糸」となったのか。

　今一度ユングの1913年の講演に立ち戻ろう。「心理的諸タイプ」においてユングは、ジェイムズが『プラグマティズム』で述べた「専門的哲学者というものは、どのような気質をもったものであっても、哲学するに当っては、自己の気質という事実をつとめておし隠そうとする」（James, 1907: 12/1957: 12）という「根本思想」は、「非常に精神分析学的」なものであると述べる。そして、ジェイムズの挙げた「軟い心の人」と「硬い心の人」という二つのタイプは、《精神的な心の人（Geistig-Gesinnten）》と《物質的な心の人（Stofflich-Gesinnten）》とに意訳することも可能であるとして、ジェイムズの分類を「リビドーの流れる方向」によって解釈しなおす。前者が「自らのリビドーを思考的なものに向けており、主として内向的」であるのに対し、後者は「リビドーを感覚的な客体すなわち物質に向けている」という意味で「外向的」であるというのである（Jung, 1913: §§864-869）。

講演の最後に、ユングはその二類型にしたがってフロイトとアドラーの説を分類する。フロイトの理論が「還元的・多元論的・因果論的」であるのに対して、アドラーの理論は「主知主義的・一元論的・目的論的」である（§881）。両者の見解の相違を二つの心理的タイプによって説明することを試みるのである。[注7]

　この講演でのユングは一貫して、『プラグマティズム』におけるジェイムズの二分類をそのままに受容し、それを外向・内向というリビドーの構えとしての自らの二類型に直接結び付けて論じている。思想上の対立について、ジェイムズが哲学の言葉で論じたことを、ユングは深層心理学的な自らの言葉に置き換えて説明しようとしたのである。

(3)　『タイプ論』における質的変容

　8年後の1921年、『赤の書』の時期を経たユングは、彼の類型論を大著『タイプ論』として結実させる。流行性の百日咳で隔離されていた期間に、彼は凄まじいペースでこの著作の原稿を口述し、最初の583ページをたった6週間で完成させたという（Hoeller, 1982）。ユングは4年後のセミナーで、『タイプ論』について次のように語っている。

> 経験的な素材は全て患者から得たものですが、その問題の解決は、内側から、無意識の過程に関する私の観察から得たものです。私は、タイプの本の中で、外の体験と内の体験という二つの流れを融合させようと試みました。
> 　　　　　　　　　　　　　　　　　　　　　　　（Jung, 1925: 34）

　ここでユングの述べる「内の体験」は、『赤の書』におけるイメージの体験を少なからず含んでいるはずである。それが彼の理論に変化を与えたならば、「心理的諸タイプ」から『タイプ論』に至り、ユングの議論はどのような深まりを見せたのか。それを考察する一つの手がかりが、彼のジェイムズの受容の仕方の変化にある。『タイプ論』において、ユングはジェイムズの先駆的仕事を改めて評価しており、その発想の根幹にはジェイ

ムズの『プラグマティズム』の深い浸透を見て取ることができる。しかしまた同時に、ユングはジェイムズの枠組みを越え出ることによって、その独自の理論を構築しているのである。以下に詳しく見て行こう。

　『タイプ論』では、「現代哲学におけるタイプの問題」と題された第8章の全体が、ジェイムズによる類型の解説に当てられている。「心理的諸タイプ」の時点では、講演全体を通して、外向・内向の二分類が示されるにとどまっていたが、『タイプ論』ではそこにさらに下位分類として四つの心的機能、すなわち「思考（Denken）」・「感情（Fühlen）」・「感覚（Empfinden）」・「直感（Intuieren）」というユング独自の分類が組み合わされることになる。そのため、『タイプ論』においては、二つの類型だけで話を進めたジェイムズとの間に少しずつ差異が生じ、ジェイムズの仕事があくまで「思考」の類型における「一面のみを明らかにしたものにすぎない」（§517）と一定の留保を加えている。

　そのうえで、ユングは改めて、「対立を心理学的に捉え、それに応じてプラグマティズムの解決を試みた」ジェイムズの試みは、「哲学的思考を形成するうえで気質が非常に重要な意味を持つことを、確かな精密さでもって初めて指摘したという偉大な業績」であるとして、その先見の明を肯定的に評価している（§§539f）。序章にて述べられているように、そもそも『タイプ論』の目的は、学問上あるいは人間同士の関係上の対立を、心理学的な認識論によって説明することにあった（§4）。ユングにとってはジェイムズこそ、その試みに道を開いた人物であったのだ。

　ところが、ジェイムズについて書かれた第8章の最後に、注目すべき記述が存在する。その名も「ジェイムズの見解を批判するために」と銘打った最終節において、ユングはプラグマティズムによる思考の限界を指摘しているのである。ユングによれば、確かに「もう一つの見解に対して公正であろうとするならば、二つの《真理》の対立は第一にプラグマティズムの考え方を要求する」。しかしながら、「プラグマティズムの方法がいかに不可欠であろうとも、この方法はあまりに多くの断念を前提としており、創造的形成に欠けることはほとんど避けがたい」。そしてユングは次のように述べる。

> 対立物の葛藤は［…］プラグマティズムのように論理的に相容れない見解の実際的価値を算定することによって解決することはできない。それができる唯一のものは対立物を調整のための必要要素として受け入れる積極的な創造あるいは行為のみである。［…］それゆえプラグマティズムは、偏見を取り除くことによって創造的行為に道を開くという過渡期の立場でしかない。(§541)

　双方の立場を正当に評価するためには、まずプラグマティズムの構えを必要とするが、それでは両者の根本的な相違を明らかにするところで終わってしまう。プラグマティズムは、個々人が葛藤をいかに解消するかという問題については扱わないからである。しかし、ここでのユングはそれに満足しない。対立する二者の葛藤に対して真に必要な態度は、その相違を認識したうえで、対立するものを自らにとって必要な要素として統合するという創造的な行為である、と述べるのである。この記述には、後のユングの「個性化」論の中心テーマとなる「対立物の結合」の考えが現れており、タイプ理論そのものの質的な変化を見て取ることができる。ジェイムズのプラグマティズムの思想を直接に受容していた「心理的諸タイプ」においては、二つの対立する原理について論じるにとどまっていたのに対し、『タイプ論』におけるユングはその議論に飽き足らなさを表明し、二原理間のダイナミックな形成を求めるようになるのだ。ジェイムズの方法論を乗り越えたところに、はじめてユングの独自性が現れるのである。
　そして、タイプ理論が深化されるのとまさに同時期にユングの身に起きていたことこそ、『赤の書』における「無意識との対決」であった。思想の質的変容を準備したのは、彼のどのような内的体験だったのか。

3 『赤の書』の体験世界──イメージにおける対立物

　「第一の書（Liber Primus）」「第二の書（Liber Secundus）」「試練（Prüfungen）」を通じて、『赤の書』において顕著なのは、多種多様の対立物のペアである。「深みの精神（Geist der Tiefe）」と「この時代の精神（Geist dieser Zeit）」に始まり、「生」と「死」、「光」と「闇」といった抽象性の高いものから、具体的な人物の形を取った二人の対まで多岐に亘っており、それぞれが対比的に示されたり、何らかの形で和解したりと、様々な描かれ方をしている。中でもここで取り上げるのは、『赤の書』全体を通じてユングのイメージに登場する、預言者エリヤと盲目の少女サロメという二人の対である。とりわけ「第一の書」では対立する二者の関係がより顕著に表現されているため、ここでは特に「第一の書」におけるこの対の描写に注目してみたい。

　「第一の書 第9章 密儀／出会い」で、ユングは足元に黒蛇を横たえた一人の老人と出会う。そして少し離れたところに建つ柱廊付きの館から、目の見えないらしい美しい少女が出てくる。老人は自分をエリヤ、少女を自らの娘サロメであると紹介する。これを聞いたユングは、彼らの対の意味が理解できずに、ひどく混乱する。というのも、旧約聖書に登場する預言者エリヤが知恵を湛えた賢者の象徴とも言える人物であるのに対して、ヘロデ王の前で洗礼者ヨハネの首を欲したと伝えられるサロメは「邪悪な種子から創造された」「虚栄心の強い欲望そのもの、犯罪的な悦楽そのもの」であり、エリヤがサロメを娘と認めるなど到底思われなかったからである。[注11]しかしエリヤは、「彼女の目が見えないことと私の見抜くこととが、はるか昔から、われわれを同伴者にしている」と語る。サロメはユングを愛していると言い、ユングもまた自分を愛するようになると言う。ユングはエリヤに訴える。「あなたは、ひどい謎をおかけになる。こんな救いようのない女と神の預言者であるあなたが一つだなんて、そんなことがどうしてあり得ましょう？」と（Jung, 2009: v(v)/2010: 256f）。

これに続く箇所で、ユングはこのイメージを次のように敷衍する。自分は「混沌の源泉に、つまり原初なるものに降りていったため、自らを融解し原初なるものと結びついた状態にあった」。その原初の世界で出会ったのは、エリヤとサロメとして現れた「先に考えること（Vordenken）」と「快楽（Lust）」という二つの原理であった。一方の原理にとって、他方の原理は絶対不可欠なものである。「先に考えることは、形づくるために快楽を必要とする。快楽は、形を得るためには、先に考えることを必要とする」。両者ともに互いの存在を前提とし、「自然の中で解き難く一つになっている」のだ。したがって人間は本来、先に考えることだけでも、快楽だけでも生きていくことはできず、その両方を必要としている。ところが、両者の態度を同時にとることもまた不可能である。人は常にどちらか一方の原理を優先させることになる。

　　考える人たちは思考されたことの上に世界を築き、感じる人たちは感じられたことの上に世界を築く。あなたはどちらの原理にも真理と誤謬を見出すのだ。(v(v)/259)

　ここで、「先に考えること」の原理で動く人が「考える人」に、「快楽」の原理で動く人は「感じる人」にパラフレーズされる。この「考える人」と「感じる人」の対は、『タイプ論』における「思考」と「感情」という合理機能の対を髣髴とさせる。しかし、『タイプ論』に至るまで、ユングが「思考型」と「内向型」、「感情型」と「外向型」をそれぞれ同一視していたこと（Jung, 1921: §7）を考慮すれば、この二つの対は、狭い意味での「思考」と「感情」に限って考えるよりも、世界に対する対照的な構えの対として緩やかに捉えるほうが適切であろう。ユングは「混沌の源泉」に降りて行った先に、現象的には対立して見える二つの原理の未分化な様態を目にする。ジェイムズの『プラグマティズム』や彼自身の「心理的諸タイプ」が根本的な対立として扱っていた二類型の、原初の形態である。現象面のみ見れば対照的に見えるエリヤとサロメは、ここではペアとして、共に現れる必要があった。両者は元来不可分のものである。それでも、現

実世界に分化した人間は、どちらか一方をしか生きることができない。

　そして、ユングはこうも述べている。人間を「時には一方の原理に、時には他方の原理に、誤りであるほど夢中にさせるのは、決まって蛇である」。彼は、エリヤとサロメの間に横たわっていた黒蛇を、第三の原理と見なす。一方の側に立って他方を眺めると、間にいる蛇が目に飛び込む。考える人にとっての快楽は、誘惑的な恐ろしいものと映り、感じる人にとっての思考は、厄介でいかがわしいものと映る。あたかも反対の原理が存在しないかのように思い込もうとするのである。しかし、蛇はまたそれら対立する二原理を結びつけるものであるという。

　　人生という道は、蛇のように、右から左へ、左から右へと、思考から快楽へ、快楽から思考へと曲がりくねって進んでいく。蛇は、確かに敵であるし、敵対関係の象徴ではあるけれども、賢明なる橋でもあって、われわれの人生にとって必要であるように、右と左とを憧憬を通して結びつける。(v(v)/259)

　「考える人」であったユングは、「先に考えること」の側から「快楽」を見たために、「快楽」はサロメの姿をとり、残酷で恐ろしいものと映った。しかし、「快楽」を自らに受け取る中にこそ、次なる道がある。このように第9章は閉じられる。

　次章以降の後続のイメージで、ユングは「密儀」を体験していくことになる。サロメの言葉を受け入れず、「先に考えること」の原理に近づこうとするユングの前に、エリヤは醜い小人に姿を変える。ユングがサロメの再来を求めると、十字架のキリストのヴィジョンが見えた瞬間、彼自身が十字架にかけられたようになり、黒蛇が体中に絡みつく。蛇の強い締め付けで、体から血が流れ落ちる。その時、ユングの足元に身をかがめ、足を黒髪で包んでいたサロメが「光が見える！」と叫び、彼女は目が見えるようになっている。エリヤは巨大な白色に輝く炎に変容し、蛇は力尽きる。サロメは、光に向けて一心に跪く。

　ユングはサロメの変化を、「快楽」が変容され、「愛」というより高次

の原理に移行したものと捉えている。「考える人」であったユングにとって、はじめは盲目の姿で現れた「快楽」が、彼の内的な自己犠牲の苦しみを通して「愛」として解放される。そして、「先に考えること」の原理もまた白色の炎へと変容し、両原理が「人間的な形」を越えた新しい段階に移っていくヴィジョンとして、ユングの身に体験されたのである[注13] (vi(r)-vii(r)/260-268)。

　ユングは「人間は自ら成長するだけではなく、自ら創造的でもある」（vii(r)/266）と述べる。彼は、対立する原理と創造的に関わる生成の様態を、イメージの中で体験したのだ。つねにどちらか一方の原理にしたがって生きる人間にとって、対立する原理は自らの外部に存在する、永遠に相容れないものとして感じられる。しかし、ユングの直感したイメージの世界においては、二原理は根底では一つであるものとして示され、それゆえ、反対側の原理もまた自らの内部に存在していることになる。そして両者をつなぐ蛇という第三の原理によって、対立する要素と動的に関わるあり方に、ユングは人間の変容という創造的な姿を見たのである。

　ユングのタイプ理論がその本来の領分であったはずの認識論を越え出て、「個性化」論としての創造的な人間形成の問題にまで足を踏み入れた背景には、以上に見られるような『赤の書』におけるユング自身の内的体験という土壌があったのではあるまいか。

4　おわりに

　フロイトとの訣別の原因ともなった『リビドーの変容と象徴』（1912）は40年後に『変容の象徴』（1952）として改訂される。ユングは改訂の際の序文において、初版当時のことを振り返って、『自伝』にも登場する以下のある有名なエピソードを記している。

　ユングは神話について研究するうち、自らに「おまえはどういう神話を

生きているのか」と本気で問わずにいられなくなったという。しかし、当時の彼は、その問いに答えることができなかった。そこでユングは次のように感じた。

> こうして、「私の」神話と知り合いになろうという決心がおのずと生まれ、これを特別の課題と見なした。［…］私の個人的な要因、他者の認識にとって不可欠な個人的方程式（persönliche Gleichung）を私自身が意識していないならば、対峙している患者をいかにして正しく考慮することができようか（Jung, 1952: 9f）

　ここで述べられる「個人的方程式」の問題こそ、『タイプ論』の根本的テーマであった。それぞれの個人に特徴的な世界認識の様式を、ユングは「心理的個人的方程式」と呼び、外向・内向および心的機能の四類型を、これを理解するためのスケールとして位置づけたのである。『タイプ論』は、「個人的方程式」について理論化した方法論の書であったと言える。
　一方、『リビドーの変容と象徴』の翌年から始まった、『赤の書』におけるユングのイメージとの取り組みは、彼の「個人的方程式」、ユング自身が生きる「神話」を受け取り、展開するという実際的な試みであったと考えられる。
　個別的なイメージ体験を突き詰めた『赤の書』と、一般的な理論としての『タイプ論』は、現れ方や方向性こそ大きく異なるが、ユングという個人において分かちがたく結び合うものである。『赤の書』のイメージにおいて、対立物がその根底で一つであり、創造的な形成がつねに待たれていたように、同時期に深められた『赤の書』と『タイプ論』もまた、それ自体がユングの中で創造的に交流していたはずである。本論では、対立する二原理のテーマをめぐって、この相互交流の一端を検討してきたが、いずれもユング思想の「鍵」ともいえる両著作のより詳細な検討を今後の課題としつつ、本稿を閉じることにする。

注
1. ユングは当時のことを次のように振り返る。「大洪水のヴィジョンを見た1913年10月は、人間としての私にとって重要な時期であった。当時40歳を迎えようとしていた私は、それまで望んできたこと全てを達成してしまっていた。私は名声、権力、財産、知識、その他のあらゆる人間の幸福を手に入れていた…かくして、私は戦慄に襲われたのである」(Jung, 2009: ii(r)/2010: 238)。
2. ただし、Shamdasani（2009）によれば、内的なファンタジーに取り組む一方で、ユングは治療実践も続けており、1913年と1914年の間には、週5日で1日1～9件の面接、平均して5～7件の面接をおこなっていたほか、毎年の兵役義務も果たしていたという。シャムダサーニは「この間、彼は日中の自らの職業的な活動や家庭での責務をこなしつつ、夜の時間を自らの自己探求に捧げていたのである。資料を見る限り、このような活動の区分けはこの後数年間続いたものと思われる」と述べている（Shamdasani, 2009: 201/2010: 204）。
3. E. テイラーは、1913年から1917年の間に、ユングが多くの論文や講演でジェイムズを引用していることを指摘する（Taylor, 1980: 164）。
4. ユングは、「無意識の心理学について」(1917) という論文においても、フロイトとアドラーの学説の違いを元にタイプの問題を論じている。注9にも示すように、この論文の根本的な考え方は「心理的諸タイプ」の講演に近く、『タイプ論』に現れる質的変化は見て取りづらい。
5. 鶴見は、"pragmatism" が「実用主義」と訳されるのは、「プラグマティズムのただ一つの底辺（功利主義的傾向）だけを連想させる」ため不適切であると述べる。この思想の特色は、「プラグマ（行為）」にあるゆえ、「行為主義」と呼ぶのが適当であるとしている（鶴見, 1971: 175）。
6. カイザーリンクが、La Révolution mondiale において、アメリカのプラグマティズムを「根っから非宗教的」なものと「烙印を押している」のに対し、ユングは「彼がウィリアム・ジェイムズのことは指していないといいのだが！」と述べている（Jung, 1934: §942）。
7. そしてユングは講演を次の一文で締めくくる。「両類型に均一に当てはまる心理学を構築することは、今後の難しい課題であろう」(Jung, 1913: §882)。
8. 『タイプ論』の方法論の根底にジェイムズの『プラグマティズム』がいかに関わっていたかについての考察は、別稿を参照のこと（小木曽, 2011）。
9. 『タイプ論』序論において、ユングはこの点について以下のように述べている。「私はここで分類したこの区別を以前に発表した心理的タイプに関する二つの報告においては明確にすることができず、思考型と内向型とを、また感情型と外向型とを同一視してしまった。問題をさらに深く考察してみると、この混同は支持できないことが明らかとなった」(Jung, 1921: §7/1987: 13)。原注によれば、「二つの報告」とは、「心理的諸タイプ」と「無意識の心理学について」を指している。

10 「たとえば独断的、宗教的、観念論的、主知主義的、合理主義的な経験論者もいれば、その反対に唯物論的、悲観的、決定論的、非宗教的な合理論者もいる」ため、混乱を招きやすいと述べている（Jung, 1921: §538）。

11 1925年のセミナーで、ユングは以下のように語っている。「エリヤが常にサロメと共にいると語った時は、彼がそんなことを言うなんてほとんど冒瀆的であると思いました。残酷で血塗られた雰囲気の中に飛び込んだような気分になったのです」（Jung, 1925: 93）。

12 本文では二つの原理をエリヤとサロメと直接明示してはいないが、編者の脚注によれば、『赤の書』草稿には「したがって先に考える者は、私にはエリヤ、預言者として現れ、快楽はサロメとして現れた」との一文が存在したという（「第一の書」日本語版脚注169）。

13 もっとも、このイメージは目指すべきヴィジョンとして見えたにすぎず、これがすでに彼の中で内的に達成されたことを意味するのではない。「第一の書」は次の文で締めくくられる。「私はこれから何を生きればよいかを、密儀はイメージで示した。私は、密儀の示したあの富の数々を何一つ有してはいなくて、まだそれら全てをこれから獲得せねばならなかったのである」（Jung, 2009: vii(r)/2010: 268）。

＊本研究は平成23年度日本学術振興会科学研究費補助金（特別研究員奨励費）の助成を受けたものである。

文　献

(1) Hoeller, S.A.（1982）: *The Gnostic Jung and the Seven Sermons to the Dead*. Quest Books.
(2) Homans, P.（1979）: *Jung in Context: Modernity and the Making of a Psychology*. The University of Chicago.
(3) James, W.（1898）: Philosophical Conceptions and Practical Results. *Pragmatism*. Harvard University Press, 1975.
(4) James, W.（1907）: *Pragmatism: A New Name for Some Old Ways of Thinking*. ARC Manor, 2008.（桝田啓三郎訳（1957）：プラグマティズム．岩波書店）
(5) Jung, C.G.（1912）: Versuch einer Darstellung der psychoanalytischen Theorie, *Gesammelte Werke Bd.4*. Walter-Verlag, 1961.
(6) Jung, C.G.（1913）: Zur Frage der Psychologischen Typen, *Gesammelte Werke Bd.6*. Walter-Verlag, 1971.（林道義訳（1987）：心理的諸タイプの問題について．タイプ論．みすず書房）
(7) Jung, C.G.（1917）: Über die Psychologie des Unbewussten, *Gesammelte Werke Bd.7*. Walter-Verlag, 1953.（高橋義孝訳（1977）：無意識の心理．人文書院）

(8) Jung,C.G.（1921）: Psychologische Typen, *Gesammelte Werke Bd.6* .Walter-Verlag,1971.（林道義訳（1987）：タイプ論．みすず書房）
(9) Jung,C.G.（1925）: *Analytical psychology : notes of the seminar given in 1925*. W.McGuire (ed.), Princeton University Press.
(10) Jung,C.G.（1934）: Ein neues Buch von Keyserling *La Révolution mondiale et la responsibilité de l'ésprit. Gesammelte Werke Bd.10*. Walter-Verlag, 1974.
(11) Jung,C.G.（1952）: Symbole der Wandlung. Analyse des Vorspiels zu einer Schizophrenie. *Gesammelte Werke Bd.5*. Walter-Verlag,1973.（野村美紀子訳（1992）：変容の象徴 上・下．ちくま学芸文庫）
(12) Jung,C.G.（2009）: *The Red Book : Liber novus*. S.Shamdasani（ed.）, W.W. Norton.（河合俊雄監訳（2010）：赤の書．創元社）
(13) Jung,C.G./Jaffé, A.（1962）: *Erinnerungen,Träume,Gedanken*.Walter-Verlag,1971.（河合隼雄・藤縄昭・出井淑子訳（1972-73）：ユング自伝──思い出、夢、思想1・2．みすず書房）
(14) 小木曽由佳（2011）：ユング『タイプ論』とプラグマティズム──「個人的方程式（persönliche Gleichung）」としての諸類型．京都大学大学院教育学研究科紀要, 第57号．
(15) Shamdasani,S.（1995）: Memories,Dreams,Omissions. *Spring 57*. Spring Publications.（河合俊雄監訳（2011）：思い出・夢・削除．ユング伝記のフィクションと真相．創元社）
(16) Shamdasani,S.（2003）: *Jung and the Making of Modern Psychology*. Cambridge University Press.
(17) Shamdasani, S.（2005）: *Jung Stripped Bare by his Biographers, even*. Karnac.（河合俊雄監訳（2011）：ユング伝記のフィクションと真相．創元社）
(18) Shamdasani, S.（2009）: Liber Novus : The "Red Book" of C. G. Jung. *The Red Book : Liber novus*. S.Shamdasani（ed.）, W.W. Norton.（河合俊雄監訳（2010）：新たなる書──C・G・ユングの『赤の書』．赤の書．創元社）
(19) Taylor,E.（1980）: William James and C.G.Jung . *Spring 20* . Spring Publications.
(20) 鶴見俊輔（1971）：アメリカ哲学──プラグマティズムをどう解釈し発展させるか．社会思想社．

● 要約

　2009年に初めて公刊されたユング『赤の書』は、フロイトとの訣別をきっかけとした精神的危機の時期に、彼が体験したヴィジョンを詳細に記録した書物である。この取り組みと同時期に、タイプ理論も並行して深められており、ユング思想における初期の大著である『タイプ論』として結実する。本論では、まず『タイプ論』の成立に大きな影響を及ぼしたW. ジェイムズの『プラグマティズム』に注目し、これに対するユングの評価の変遷を手がかりに、タイプに関するユングの理論の深化について考察した。そこでは、イメージとの取り組みを経た後の『タイプ論』には、ジェイムズを直接受容していた時期には見られなかった、「対立物」の創造的形成という考え方が表れていることが示された。そして、『赤の書』「第一の書」に登場するエリヤとサロメという人物のイメージとの対話を取り上げ、理論の質的変化を準備したものとして、『赤の書』におけるイメージ体験を位置づける作業をおこなった。

　キーワード：二原理、対立物、イメージ

Jung's *The Red Book* and *Psychological Types*

Graduate School of Education, Kyoto University
Yuka OGISO

The Red Book by C. G. Jung, published for the first time in 2009, was written in the period of his spiritual crisis, in which he recorded a series of his visions in detail that he had experienced. At exactly the same time, his typology had been deepened in parallel, and it resulted in his *Psychological Types*, one of the most important works of his early years. This paper focused *Pragmatism* by W.

James, which had an impact on the establishment of *Psychological Types*. Through considering about the change of his attitude to James' theory, the development of Jung's typology was cleared up. *Psychological Types*, written after grappling with his visions, revealed the new idea of the creative forming of the opposites, which have not been seen at the time of accepting of James directly. By taking up the conversations between Jung and the two figures, Elijah and Salome, appearing in Liber Primus, it was suggested that the experiences with the images could be regarded as the soil fostering the qualitative change of his typology.

Key Words: two principles, the opposites, image

研究論文
主体の成立と他者の出現
児童期にアスペルガー障害と診断された14歳男子との面接経過

橋 本 尚 子
京都学園大学

1　はじめに

　我が国における自閉症児への心理療法的アプローチとして、古くは山中（1976）や伊藤（1984）の研究がある。しかし近年、より広範な概念としての発達障害が臨床的に取り沙汰されるようになり、クライエントの主体性を前提にし、それを受け止めつつ見守るという心理療法とは異なる側面、つまりセラピストからの働きかけが重要な意味を持つという点について注目されるようになった。Alvarez,A.S（2006）によっても、遊びの中に象徴を読み取って関わっていくことの難しさゆえに積極的アプローチが必要になってくることが指摘されている（80頁）。また河合（2010）は発達障害の心理療法において、主体性を前提にした心理療法とは異なる心理療法の可能性、つまり主体を作りだす心理療法について論じている（26頁）。また田中（2009）は発達障害の心理療法ではセラピストが「主体をぶつける」ことが、クライエントの主体性の確立のためには必要であるとし、従来の内省や支持を基本とするオーソドックスな心理療法ではクライエントと真に関わることはできないと述べている（194頁）。本事例は児童期にアスペルガーと診断された14歳男子との４年間の心理療法過程である。その中でクライエントは自分の発達障害性を自身の中に位置づけることが可能

になった。そのプロセスを振り返り発達障害における心理療法の可能性を検討したい。

2　症例の概要と面接経過

　本事例は、セラピスト(以下 Th.)の産休4ヵ月をはさみ、クライエント(以下 Cl.)が14歳の時から18歳までの4年間、全97回の面接経過である。週1回50分の面接。
［以下 Cl. の言葉を「　」で、Th. の言葉を〈　〉で表記する。］

　クライエント：　A　来談時中学3年、14歳
　主訴：不登校、家での暴力
　来談経緯・現病歴：(母親面接者からの情報)中2の3学期から成績が落ち、中3の4月より不登校になる。家で暴れる。昼夜逆転。病院に母子で通い投薬を受けている。病院ではまだカウンセリングは無理と言われた。現在精神科では、過剰なストレスによる神経症と診断され易怒的と説明されている。母はAの入院を望んでいる。Aは「自分は病気ではない」「薬で楽になっても僕の苦しみがなくなるわけではない」とも言っている。
　生育歴：(母親面接者からの情報)妊娠5ヵ月で風疹に罹患。早期破水で35週、2422ｇで出生。ミルクが飲めず、1ヵ月でやっと3000gになった。同月の子どもたちと一緒にすると、母にしがみついて遊べない。初歩11ヵ月。1歳半検診で他の子と違うと指摘され、2ヵ月ごとに相談に行くことになる。3歳で幼稚園へ、4歳で言葉の巡回相談に行く。その結果年長から小1の2年間、感覚統合訓練を受ける。集中できない、字が汚い、手先不器用、運動苦手、絵が描けない。体操教室、絵画、バイオリン、水泳の習い事を始める。年長では頻尿になり

家から出られなくなり精神科へ行き、すぐによくなる。小1運動会の遊戯で不登校になり1ヵ月学校を休む。小児科の先生に相談し、以後定期的にフォローアップ（現在も）を受ける。アスペルガーと診断される。まだ症例が珍しく、研究協力も兼ねていた。小3WISC-Rの検査で、言語性135、動作性91で学習障害の疑いもあった。

家族構成：本人14歳・父40歳・母親40歳・弟10歳

インテーク：「3年になってから急に苦しくなって、違和感を持った。今も皆について行けない。今までは学校へ行って当然と思っていた。4月、駅で、人に自分のことを言われている気がした。テレビとかも、ちょっとのことがすごく怖かった。元に戻るのか。」〈前とは違う感じで生きていけるようになるかも〉「休んでる間に自我が崩壊した気がする」

外見、印象：身体の動きや文字が非常にぎこちない。とつとつとではあるが、落ち着いて語る。長い髪で顔はほとんど隠れている。4月の休み中の大変さが伝わってくる。

診断、見立て：発達障害的な背景による不登校

1期　出会い　#2-5

［#2-5］「今、何かよく覚えてないことが多い。今、無理に人に何かさせられるのがすごく嫌。ずっと無理してきたから。自然にしてたらいいと思う。でもそれがどういうことかわからない。何していいのか。前に戻れるのか」〈焦らないで、ゆっくり。〉「おばあちゃん家で、小1の男の子と一緒に遊んだ。すごくやんちゃ。泣いたり暴れたりわがまましたり。自分はあまりそういうふうにしてなかったのじゃないかな。」

事前情報での、薬で楽になっても僕の苦しみがなくなるわけではないという言葉は、Cl. に会う前から、非常に Th. の心に残るものであった。当初、Th. はAの状態の不安定さ、風景構成法〔図1〕、バウムテスト〔図2〕、「これまでの自分が壊れてしまった」、「自然にするということがわからない」という言葉などから、統合失調症も心配しながら会っていた。この心配は

図1

図2

2期頃まで続いた。しかし現在では、「壊れてしまった」という感覚を通して育っていくものがあったのではないかと考えている。前みたいにできない、前ほど楽しくないという言葉が繰り返されたが、何かが壊れたことによって、今までのあり方が初めて意識されたのではないだろうか。この時期に、すでに小1の男の子の姿に自分を見ることが始まっている。

2期　腹立ちと寂しさ　#6-24

［#6］父母への腹立ちから窓ガラスを割ってしまうが、あまり記憶がない。〈なぜ？〉「何か眠れなくて、寂しいような気がしてきたりして。僕が学校に行ってなくても、僕はぼくなのに。ちゃんと存在価値を認めてほしい。病院はいい話しかできないから行きたくない。」少しずつ登校しだす。［#10］犬夜叉の話。「宝の玉がわれてしまって、色んなところに飛び散ってしまう。それを主人公と少女が一緒に探しに行く。主人公は、母親が怪物で、半分人間。」家での暴力に、母親が警察を呼んだ。［#14］冬休みには自転車で4時間ほどかけて学校へ行くことを3回した。「この前、近くの飴工場のそばを通る時、飴の匂いがした。」Th. はこの言葉を聞いてすごくほっとする。［#15］「みんなが自分をばかにしてるように思える。」

［#18］長髪を切っている。母が父を馬鹿にしたことに対して非常に憤慨し、壁に穴をあける。［#20］多重人格の話。最近読んでいる漫画の話で、「主人公のトムは小さい頃からすごい期待とかプレッシャーを受けた。家にばかりいさせられた。トムトムという空想の友達ができて、遊んだりした。反抗や暴力的なことはトムトム。ある日トムトムはトム軍曹としてトムを殺した。」［#24］試験の時、からかわれたり気持ち悪がられたりして、すごい腹たって、家に帰って壁に穴をあけた。

　怒りが暴力につながることが数回あった。しかし、両親に怪我を負わせることはなかった。トムの話は、Aの人生の物語でもあるのだろう。優等生であったトムは、A自身でもあり、今、トムトムの力を自分の中に見出しつつある。そして、優等生として生きてきた今までの自分を殺して、新たな自分になっていくこととも重なる。飴工場の匂いの語りに、Th. は〈これでやっていける〉という感覚を得る。なぜなら、Aは感情が暴力に直結しやすい状態であったが、ここでは飴の匂いを感じることができており、そのことに Th. は、Aが情緒や繊細な感覚にも開かれているという安堵感を持ったからである。

3期　現実の侵入、不安　#25-35

　［#25］毎日学校へ来て、クラブやバザーなどに参加し、忙しい。すごく自然な表情と髪型になる。「僕、変かな。電車とかでもそう思う。何か皆死んだらいいのにと思う。自分も……。」［#32］具体的な友達の名前が出てくることが多くなる。同時に「何で自分はこうなのか」という問いも増える。人から悪口を言われる。I小学校の殺人事件では、自分も襲われるのではと非常に不安になる。［#33］警察官に尋問された。非常にショックで家で泣いた。ブルースリーは「死んだように生きろ」と書いている。同級生が8人組に襲われた。［#35］集団で悪口を言ってくるグループの教室に文句を言いに行ったが言えなかった。卑怯な奴ら。悔しい。自分は昔、自閉症だったのか。昔行っていた病院に電話してみた。

　学校生活が再開し、友達とのエピソードが増えるにつれて、それは自分

を照らし返すものとなり、何で自分はこうなのかと自分を見る自分の意識が芽生え始め苦しむ。同時に、侵入感や被害感、殺人事件での不安の高まりに加え、実際に警察に尋問されるなどが生じる。周りから与えられるショックや不安を感じ始めるのは、この世で生きるというAの仕事がこの時期に始まったためではないだろうか。この世に実体を持った存在として生き始めたからこそ、尋問されたり、周りから襲われる不安も生じるのであろう。過去の自分を問うたり、自分はどういう人間か、自分を振り返ることも始まっている。

4期　現実との接点、自分はなぜ人と違うのか苦しむCl　#36-55

[#36] 薬が減った。友達とのエピソードが具体的に話される。しかし、小学校の時の友達が癌で死んだ [#37] 自主制作の映画にたまたま死ぬ役で出た [#38] など、死の話題が続く。[#42-44] 友達から空気が読めないと言われ、友達関係でのうまくいかなさに非常に憤る。「自分はそういうの、わからないのか。人より劣っているのか。駄目な人間なのか。何で人と違うのか。こんなので生きていていいのか。すごく腹がたつ。何でそんなこと言われないといけないのか。」これは毎回繰り返し語られ、Aの非常な苦しみを、Th. は寄り添いつつ聞き続けた。「この前石を持ってここに来た時もう死のうと思ってた。皆死んだらいい。」この日の帰り、Th. はたまたま通りがかったA君親子に最寄り駅まで車に乗せてもらう。[#45]「ヒカルの碁の漫画。今までは佐為が乗り移って強かった。だけどそのうちにヒカルが自分で考えてやりだす。すると何だこの程度かと皆が思う。だけどヒカルは実力をつけていく。」皆が自分を嫌っていると被害感が非常に強くなり、Th. にも詰め寄ってくることもあった。Th. が体調不良で当日キャンセルした時も、Th. も僕を嫌っているのかと母に詰め寄ったという。[#52] Th. の妊娠の話をする。[#53] Th. は途中で貧血になり、Aに一度退室してもらった後、面接を再開する。Aの母が妊娠中によく貧血になった話から、初めて自身の子どもの頃の話になる。(妊娠中から8分の1の確率で聴覚の問題が指摘されていた、常に学校のテス

トが良い点だった、幼稚園の時は、聴覚・言語が良い割に運動が悪くそのギャップのため感覚統合訓練を受けたなど。)「今もそういうとこあるかも。」［#54］入室してすぐ、「ここ、靴でよかった？」と外界のルールに目がいく。［#55］「前とはしんどさが違う。皆、勉強とか走るのとか速くなってる。誰も自分を愛してくれてないような。頼りない感じで。自分が否定されてるようで自信がない。自信がないからそう思うのか。」この後、Th. は産休で 4 ヵ月休む。その間、A は代理の DTh. と 1 度だけ面談をした。

　死の話題は、これから大きな変化が待っていることを思わせた。そして 3 期からの、A 自身としてこの世に生き始めるというテーマが、ここではその濃さを増していく。人との違い、自分の劣等性に非常に苦しみ、毎回その苦しみと怒りが語られた。これは自分ができてくるからこそ生じる苦しみでもある。ヒカルの碁の物語のように、そこには実質の自分として生きようとする時に露呈される弱さのテーマがある。そして弱さに直面しつつ、自分を立ち上げていく A の姿でもある。Th. の貧血を契機に幼少期を振り返り、自分をこういう人間だったと切り離して語り、かつ、「今もそういうとこあるかも」と現在との連続性も意識されつつある。しかし、それは他者からの被害感の強さと表裏一体のものでもあった。

5 期　腹立ちと筋トレ　#56-62

　［#56］4 ヵ月ぶりの面接。「先生はどうでしたか？」「筋トレをすごくやってる。」［#58］「すごく腹立つ時がある。人が信用できない。時々地球が壊れてしまえばいいと思う。」非常に強い怒りで怖いほど雰囲気が違う。［#61］「アルジャーノンに花束を。どちらの世界も見られて幸せと主人公は言った。金持ちと貧乏人や、勝者と敗者など、何でも 2 つの世界がある。」A は筋トレを授業時間も無視して続けるようになり Th. は非常に気がかりだが、今の A の生きるよすがに思えて何も言えず。［#62］ここ最近、始発で筋トレをしに学校へ通っていたが、担任に注意され、学校へ行く意味がなくなる。「大学行くのも、高校もやめようか。最後は死ぬのに何で生きるのか。何も叶わず死んでいった人にしたら世界なんてなくて

もよかったのじゃないか。世界なんてなくなればいい。」「龍狼伝の漫画。消滅と破滅を望む僧がいる。前はわからなかったけど今はわかる。弱肉強食。自殺しないかぎり生きるのは続いていく。」と、世界の破滅や死への思いが非常に強くなる。

　数回月ぶりの面接再開では、Th. の最近の様子を尋ねたりと、社会性も生まれ始める。筋トレについては、岩宮（2009）も述べるように「主体の生成を筋肉という外側の回路から為す行為」（179頁）でもあったといえる。しかし、4期から続いている怒りは、ここでは非常に深く重くなり、特定の他者ではなく、世界を呪うほどのものとなる。アルジャーノンの物語のように、この世にある光と影の2つの世界、その影の側を生きさせられることへの不条理と、恨み、悲しみであった。時に Th. にも詰め寄ってくることもあった。当時は、怒りについても強迫的な筋トレについても、セラピーの方向としてこれでいいのか悩みつつ、ただ Th. も耐えるしかない時期であった。

6期　Th.との対決、主体の成立と他者の出現　#63-72

　[#63] 学校をやめて働こうかと言うAに、〈学校が嫌でやめて、またしたくないことするのだったら同じじゃない？〉「そうかな。」〈働いたら好きな時間に筋トレできないし、嫌でも行かないとだめ。〉「学校でもそう」〈でも避けられないし〉「僕の考えが間違っているというのか！大人からみて僕が何もわかってないみたい！」〈ごめん。そんなつもりじゃなかった。考える時の材料になればと思った。〉「そんなこと言うのだったら、もう働くのもやめて人から金盗んで生きていってやる！」〈何でそんなこと言うの！今のは私も傷ついたわ！〉「傷つけたのだったらごめん。不安定でいらしてる。」〈こっちこそ、ごめん〉二人で仕事の話を色々する。「先生も仕事が嫌な時、あるのか？」〈あるよ。どこ行っても嫌なこと、ついてくるね。どれだけ好きな仕事しても。〉「そんなにして生きていくものか、人間て。別に何もしなくても生きていける。だけど……」

　[#64-66] ここ最近耳が聞こえない。時々聞こえる。Cl. は近所にジム

を見つけ通いだす。そこで出会ったおじいさんにウェイトリフティング（以下WL）を勧められる。「自分がどうしてもこうと決めたことだったら、周りがどう言ってもそうしたらいいのと違うか。」［#67］筋トレの話。「しんどいの、がまんする価値のあること。そうじゃないのもある。」Th. からある横綱の引退の話をすると「すごい！勝つことだけへのプライドじゃなく、負けることも含めたプライド、あると思う。」［#68］外見の輪郭がくっきりとなり、Aの声がとても聞き取りやすい。地域のWL部に入る。［#70］WLのある女性がAに親切に教えてくれる。その人に髪や服装のことをアドバイスされ、外見を気にかける。「先生、どう思う？」と Th. の思いを問うことが増える。Th. は素直に思ったことを伝えていた。この後Aはインフルエンザのため2週休む。［#72］3週間ぶりの面接。髪を切っていてよく似合う。今までの暗さが拭われたようにAの全体の印象が明るく鮮やかになっていて驚かされる。インフルエンザは、A型もB型もかかっていた。その間は、筋トレも休み、ゆっくりした。

　#63回での Th. とAの対決は、大きな転換点であった。対決後は、怒りが語られなくなり、Aの周囲が大きく変化し始める。何が生じていたのか、後に考察で検討したい。

7期　現実と自分のすり合わせ、外側の時間、内側の時間　#73-89

　［#74］帰り、相談室の外に人がいたため、Th. がAに配慮し、〈早く〉と言ったことをめぐって、すれ違いが起こる。Aにとっては、Th. に早く出て行けと言われたと体験され、家で憤ったとのこと。［#75］面接でそのことが話題になる。「この前の帰り、先生、怒ってたんですか？」Th. の説明に「僕のことが嫌なのかと思った。今日、来るの迷ったけど、確認しようと思って来た」〈来てくれてよかった。〉「僕が休んでる時とか、先生、どうしてるの？帰ったり？」〈残念な気がしてる。〉クラスやWLでも、周りの人と自分のことを、気のせいかそうじゃないのか、現実と自分の感じをすり合わせ確認しようとしている。同時に、時間外では話せないのかなど、カウンセリングの枠外のことも気になる様子。［#76］髪を切

っている。時間を告げると、「やっぱり時間は決まってる方が効果があるのですか？」その方がいいと理由を説明する。「ぼく嫌がらせしてない？」〈この時間はA君の時間〉［#77］時間割を自ら把握し直し、ここしばらく続いたカウンセリングの15分の遅刻がなくなる。毎日ブーメランをしたり泳いだりなど、生命力や命の楽しさを感じさせる。「身体のリズムに合わせて生きていきたい。僕のペースで。」［#78］WLでは、AのためにB先生が顧問となりクラブが作られた。「やっぱり頑張ってないと駄目か。苦しさとか辛さを頑張るというのもある。僕は去年の3学期、生きてるだけでいいと思ってた。」

　思わぬ行き違いが生じた。畑中（2011；13頁）が述べているように、聞き手としてのAの言葉の受け方が露呈した回であったといえる。だからこそ、ここで双方の現実のすり合わせができたことは大切なことであった。Aは自分の感じたことを、Th. を通して確認しようとし始めている。また、自分が来ない時先生はどうしているのかなど、他者としてのTh. を通して自分が影響を与えていることを実感し始めている。それとともに、カウンセリングの時間が決まっていることや、その意味をTh.に問えるようになり、自分でも遅刻の原因を自ら把握して、カウンセリングの開始時間の調整を言い出した。そのような外側の時間の感覚が明確になることと、「身体のリズム」という言葉に表れるような、自身の内側の時間を意識し始めているのも興味深い。

　［#81］呼吸と'気'の本。「頭脳知だけでは駄目で、身体知が大事。」非常に穏やかになってくる。［#82］言葉を捜しつつ「強くなりたい。自分を守るというか。情けなくてもいいのか。社会にも何も認められない半人前だし、何もない気がして。すごくイライラして、喧嘩しそうになる」［#83］潜在能力、気功に興味を持つ。［#84］18歳になった。ここに来た頃14歳だった。仙道思想の本を買った。［#87］「金髪の怖そうな人、話したらいい人だった。筋トレは、体調や精神的なもので変わってくる。勉強もそうかな。心の問題で変わってくるのかな。」恥ずかしそうに、来る時に電車で老人に席を譲った、車が故障している人を助けた、前にはできなかったと話す。［#89］WLの大会で賞を取り表彰される。

外見と内面や、人の多層性、心のあり方で見方が変わることが語られる。また、怒りは、これまでの不特定の他者、世界への怒りではなく、自分自身への怒りとなる。

8期　仙人の世界、自分の発達障害性の自身への位置づけ　#90-97

［#90］この頃景色とかきれいと思う。腹が立つことも流せると、非常に落ちついてくる。セラピーは卒業までと決める。気功を家でやっている。気功には差別はない。インターネットや本での様々な気功による神秘体験、超能力、X宗教をめぐって、それに惹かれるAと、現実を大切にしてほしいと思うTh.との間で何度も対等で激しい議論になる。Th.は、Aへの共感よりも自分の実感（それはおかしい、違うと思うなど）をそのまま言葉にして伝えることを非常に大切にしていた。「ものの見方で色んなこと変わると思う。絶対のものはない。自分がどう見るかが大事と思う。僕は今、半袖で、人からみたら変だし、それを言う人もいる。だけどもし変だしやめろと言われたら怒ると思う。僕の自由だから。法律だって正しくても、でも人の作ったものだから絶対じゃない。」［#94］大学合格［#95］超能力の話。Th.との言い合いの末に〈別に考えが違っててもいいのかも。〉［#96］「無責任でいい」という話。こだわらずに流す、自分を受け入れる、自分を許す、そのままでいいということと近い感じをTh.は受ける。［#97］最終回。小さい頃、検診の度にひっかかり、様々な施設や病院に研究協力も兼ねて通ったこと、時には理不尽な思いもしたことを振り返り、「小さい頃、障害児の親の会で色々な子がいた。僕は、ずれているのかもしれないけど、皆と違っていてかっこいいと思ってた。何か大人は決めつけるけど。色々な人がいていいのじゃないか。今でも変わっていたり、人からういてしまったりする。でもいいと思う。変わっているといえば皆そうだし。個性かもしれない。何で母さんは、そういうことわからないのか。いまだに親の会とか入ってるし」と語る。Th.は、初期の頃との比較をしたいと思い風景構成法の用意をしていたが、言い出せず、色々なことが切なく胸をよぎる。Th.から、弱さや弱点が人とつながっていく力

を持つこともあると言うと、すごく腑に落ちたよう。「人と人が出会うのは偶然じゃないと僕は思ってる。1つ終わって、また新しいことが始まるのかな」〈そうやな。〉

　何も絶対のものはなく、自分がどう感じるかが大切だという語りは、主体がはっきりとAに意識され、それを貫いていこうとする意思を感じさせる。AはTh.の考えにも自分の考えをぶつけることができている。一方、仙人の世界は、一見超越的な世界観にも思えるが、退行とも受け取れる。なぜなら差別のない世界とはありえない楽園でもあるからである。そのためTh.と何度も激しい議論になる。Th.は、超越的な世界がこの世で安易に手に入るという偽の超越性にAがはまっていくことも懸念していた。しかし同時に超越的な世界観の意義をTh.自身が理解できていないだけではないのかという揺らぎもあった。振り返ると、このような揺らぎ自体にも意味があったのかもしれない。後に考察で触れたい。

　結果的にこの時期になされたのは、AとTh.の分離の仕事でもあったと思われる。それにより、Aは6期で生じた自分をさらに明確にしていったといえる。そのこととも相まって、母親との関係も変化する。セラピーのプロセスでTh.は、Aが母親とつながりすぎていることが気になっていたのだが、いまだに親の会に入っている母に対して、「何で母はそういうことがわからないのか」という最終回での言葉からは、A自身の感じ方が、はっきりと母とは異なることがAに意識されており、母親と別の存在であることができはじめているといえる。

　自分の発達障害性を認識した上で、修正して別のものになろうとするのではなく、それを自身の中に位置づけることができるようになっていったのは、長い苦しみのプロセスの中でA自身がつかみとったものといえるのではないだろうか。

　経過の中で一部考察に触れたので、以下では3つの点からさらに考察を深めていきたい。

3　考察

(1)　対決がもたらしたもの——主体の成立と他者の出現

　学校をやめることをめぐる対決の後、Aの世界は大きく展開していく。そこで何が生じていたのだろうか。対決の後、Aは耳が聞こえないという。これは、通常の神経症であればヒステリー的な反応と理解できるであろう。しかし、本事例では耳はAが人よりも過敏であった部位である。過敏であるとは、音の選択がなされないまま直接に自分に音が入ってくる、音を自分で主体的にコントロールしにくい状態ともいえる。これは、自分と周りの世界との境界の薄さとも言える。これらのことから、聞こえなくなることは、ここでは、自分と周囲の間により強固な境界ができたと考えられるのではないだろうか。

　鎌田（1996）は耳についての考察で、死者の声を語る耳なし芳一が耳を失う様を、死者の霊の魔力を鎮静化させる呪物として、芳一が耳を犠牲にすることで生命を取り戻したのだと捉えている（269-272頁）。また「耳は人体器官の中で最も自然で、最も受動的な器官」であり「敏感に他者を受け入れる器官」（同書276-277頁）とも述べている。これらの点から、Aの耳がTh. との対決によって聞こえにくくなるのは、受動性の消失であり、芳一のように影の世界の恨みや悲しみと怒りの声が入ってきていたAの位相が変化したためではないだろうか。それまでは為すすべなく、特定の他者不在の茫漠とした世界への怒りや、死へもつながる世界を生きていたAは、この対決後、深くて強い怒りを語らなくなる。Th. と対決したことで、主体ができると同時にTh. という他者の存在を出現させ、影の世界を断ち切り、境界をつくり、この現実を開いたのではないだろうか。この対決の後Aは「自分が本当にこうと思うのだったらそうしたらいいのではないか」と明確な主体の感覚を初めて語る。その後の面接でAの声が明瞭になり、Th. に聞き取りやすくなるのも、AとTh. がはっきり別の存在に分

かれたことで、Aという主体からTh.という主体へ、言葉が届くようになったからではないか。なぜなら、一体であれば明瞭な言葉は必要ないからである。

また、Th.の言葉〈私は傷ついた〉によって、今まで傷つけられる側であり続けたAもまた、人を傷つけうる力を持っていることに、A自身が気づいたのではないだろうか。それによってAの何かが壊れ、そこからAのその後の世界の展開が生じたのではないか。

そのようにして出現した他者としてのTh.への問いかけも増え、Th.は、それに対して、Aに寄り添う形ではなく、他者として率直に答えている。発見した他者をより鮮明に体験していくことが、そして、それによりA自身の主体の感覚が明瞭になっていくことがAに必要と考えたからである。

内的、外的な時間についての意識もより明瞭となる。主体ができたことで、時間もまた異質な他者となり、自分とは別の存在になったからこそ、時間を意識し主体的に関われるようになったのではないか。そしてWLという世界が開け、それを通して意味のある重要な他者と出会っていく。その他者からの言葉がAに入りやすくなり、それを大切に感じるようになるAがいる。8期で対等に言葉をぶつけ合う、異なる考え方を言い合うことができるのも、6期とは異なり、Aが他者の話を受け止められるだけの揺らがなさを持てるようになったことによるところが大きい。

また、耳の聞こえ方の過敏さは、発達障害でよく指摘されることであるが、通常、脳科学の視点から考えられている。しかし、心理療法において意識が変化することが、逆にこのように脳の問題と考えられる領域に影響を及ぼすことがあるというのも興味深い。

(2) Cl.とTh.の差異と同質性の結合について

8期でTh.は、Aの仙人への憧れを理解できず、自分ではない別の人ならうまく理解できるのではないかと思い、誰かにスーパーヴィジョンを受けた方がよいのではないかと揺れる気持ちであった。しかし、最終的に"Cl.を理解できないこの私"としてやっていくしかないと考えた。振り返

ると、このことは他者として Th. にぶつかり続けたこの時期のＡのテーマ「自分であること」とも重なるものでもあった。表面では他者として差異を生き、深いレベルでは同じテーマを生きるという差異と同質性が同時にあったと考えられる。

　Th. が、Ａの仙人への憧れをどう考えていいのかわからないと悩んだ背景には「理解し共感するセラピスト」であるべきだという思いがあった。しかし、学校をやめることを巡っての対決も、仙人の世界への憧れを巡ってＡと意見をぶつけ合うことも、ともに「理解し、共感するセラピスト」でありたい思いから Th. 自身をも蹴り出すことであった。田中（2010）は「セラピストは「双子」の片割れとして彼らをどこかはわからない外へと蹴り出すことを試みなければならない」（102頁）と述べているが、まさに双子としてＡが蹴り出される時、また Th. もどこかはわからないところへ蹴り出されるのではないだろうか。このことからもセラピストの主体性とは、表面的にクライエントに対して自分をぶつけたり、単に主体的な動きをセラピーの中でしたりすることではなく、クライエントと共に歩む中で開かれる世界に深く関与することの中から生じてくるといえるだろう。この点について Jung, Carl Gustav（1935）は「心理療法の基本は一種の弁証法的過程であり、この過程において、治療者は、もはや患者にまさる賢者として、判定したり、相談したりするのではなく、まさに一個の協同者として、個性発展の過程のなかに、患者と共に深く関与していくものである」（CW16, par7; 邦訳は河合（1986）による）と述べる。これは内省が生じにくく、主体性が問題となる発達障害においては、一層重要になってくるのかもしれない。

　また、だからこそ、Th. は、最後の面接で風景構成法をとらなかったのではないか。Th. は、最後のＡの話から、Ａが小さい頃から多くの検査を受け、研究の対象として生きさせられてきたことを感じた。これは、研究や診断上必要なことでもあったのだろう。しかし、最後には、Th. はそのようにＡを対象化し研究する存在として会うことを拒んだのではないか。当時は風景構成法をとることが"できなかった"としか思えなかったが、今振り返ると、それはセラピーの過程の中で、例えば第4期で Th. が

Aと同じ車に乗ることがあったように、Th. がAの「強力な同型」になっていたからだろう。また田中（2010）が「セラピストの「より強力な同型」性によって体現されるのがTh. の他者性である」（102頁）と述べるように、逆説的ではあるが、そのような存在であったことで、Aに他者として対峙し続けることが可能になったともいえるのではないだろうか。

次に分離の契機としての暴力性について考えてみたい。

(3) 硫黄（sulfa）の暴力性——燃焼と黄化

クライエントを蹴り出す、主体をぶつける（田中, 2010; 194頁）分離の衝撃（橋本, 2005; 269頁）、本事例での対決、傷など、発達障害の治療で、主体を作る分離の契機には何らかの暴力性や傷などが関わるのかもしれない。このような側面を考える時、JungやJames Hillmanが述べる錬金術における硫黄の性質は示唆するところが多いように思われる。

Hillman（1989）は、硫黄の燃焼する性質を、「肉体的な過活動になる」とみなし、「なぜなら硫黄は"燃焼"の原理として定義され、"暴力や情熱にたやすく火をつける"からである」（209頁）と述べる。そしてその暴力や情熱、行動化を生み出す硫黄について、「我々の多くは、行動化する患者は分析できないというAnna Freudの説にいまだ魅せられているし、多くの分析家は、分析が悪くなっていくことを恐れている」が、Jungは異なる見方をしていたと次のように述べる。「Jungは硫黄を作業（opus）や人間の生における動的な原理であると考えた。彼は硫黄を心理学が動因と呼ぶものに等しいとした：一方は意識的な意思であり、他方は無意識的な衝動である」（同書, 210頁）。この衝動について、Jung（1955/1970）は、硫黄は「能動的太陽物質」（邦訳169頁）であるとし、「衝動は人間の生の大いなる神秘であり、我々の内にある燃え上がる可能性を持った何ものかにより意識的な意思と理性を妨げ、その何ものかはある時は破滅をもたらす炎として、ある時は生命を付与する熱として現れる」（CW14; par151）としている。通常、心理療法では行動化につながるとして否定的にみなされる衝動をJungは大切なものと考えていることがわかる。硫黄は、理論

をこえた何ものかなのであり、セラピストとクライエントが共にこの何ものかに曝される瞬間が、双方の出会いの瞬間でもあるのだろう。

　渡辺（2011）は、発達障害のクライエントのパニックの意味に触れ、パニックが「距離ある二人の関係を実現」し、「リアルなコミュニケーション」に向けての可能性へ向かわせると述べているが（137頁）、怒りや多動やパニックもまたこのような硫黄の要素を持つと考えられるだろう。アスペルガーと診断された本事例のCl. も面接開始当初には家で暴力を振るうことがあったが、これも同様に硫黄の要素であるとも考えられる。それは燃え上がりガスを発するような深い怒りになり、筋トレへの衝動、Th. との対決など様々な形に姿を変え、精錬されていったともとれる。

　治療者の暴力性についても、Hillman（1989）が「分析家として私もまた黄化される」と、分析家自身がこの硫黄の作用から逃れられないことを述べている（222頁）ように、本事例でのTh. の、Aの車に一緒に乗ったり、激しく対決したりという行動化はセラピーの展開と連動していた。当時はTh. 自身のこのような行動化にこれでよいのか自問したが、これらもまた、生命を付与する硫黄の熱であり、それが心理療法を生きたものにした側面もあるのかもしれない。クライエントにとって主体性が問題になる時、セラピストにおける主体性もまた重要な意味を持ってくるのだろう。

　また、Hillman（1989）は硫黄による黄化について「黄色は、前の状態から次の状態への間の段階、白化から赤化への間の段階として黄化していく状態」（226頁）であると述べる。つまり、固定した一つの段階というよりも動きのある変容の状態を捉えたものといえる。この黄化は、心理療法における分離の契機となるとも考えられるのではないだろうか。なぜなら、Hillman（1989）はJungが硫黄を「外向（extraverts）」（1955/1970；CW14, par134）と見なすことに触れ、「硫黄に固有の外側へ向かう性質」（210頁）について述べる中で、「硫黄は、全てのものの内に、そして外にも見出される。黄化は、外側へ向かう。心理学化という内側へ向かう習慣は、分裂のない純粋さとしての白化の状態に必然的に続くもので、結合した対立物の間の差異を喪失している。」「出て行くためには、黄色という死を必要とする」（221-222頁）としているからである。本事例では、Th. との対決後、

Cl. には WL という世界が開け、そこで重要な他者に出会い、学校内にも WL のクラブが作られたりと、自意識の中で悩む世界から出て、現実を生きることが始まっていった。これは、黄化の、融合から分離へと向かう力、外へ向かう力ともとれるのではないだろうか。

　Hillman（1989）は、Jung の理論では白化から赤化へいたる変化の段階であるこの黄化が削除されており、黄化を心理学に取り戻すことが大切であると述べている（229-230頁）。従来の心理療法が通用しにくくなってきている現在、黄化という削除されたものの性質とは一体何であったのか、もう一度問い直すこともまた意味があるのではないだろうか。今後の研究につなげていきたい。

文　献
(1) アルヴァレズ（2006）：欠陥に挑む（S. リード編，倉光修監訳，鵜飼奈津子・廣澤愛子・若狭美奈子訳：自閉症とパーソナリティ．創元社）
(2) 橋本尚子（2005）：自閉性障害の三歳男児とのプレイセラピー．東山紘久・伊藤良子編：遊戯療法と子どもの今．創元社．262-276.
(3) 畑中千紘（2011）：話の聴き方からみた軽度発達障害．創元社.
(4) Hillman, J. (1989): The Yellowing of The Work.: Alchemical Psychology; (Uniform Edition ; 5) Spring Publications.2010.205-230
(5) 伊藤良子（1984）：自閉症児の＜見ること＞の意味──対象イメージ獲得による象徴形成に向けて．心理臨床学研究, 1. 44-56.
(6) 岩宮恵子（2009）：フツーの子の思春期──心理療法の現場から．岩波書店.
(7) Jung, C.G. (1955/1970): Mysterium Coniunctionis: An Inquiry into the Separation and Synthesis of Psychic Opposites in Alchemy, The Collected Works of C.G.Jung, vol.14. Routledge & kegan paul（池田紘一訳（1995）：結合の神秘Ⅰ．人文書院）
(8) Jung, C.G. (1935): The Principles of psychotherapy: The Collected Works of C. G. Jung, vol.16. Routledge & kegan paul.
(9) 鎌田東二（1994）：身体の宇宙誌．講談社学術文庫.
(10) 河合隼雄（1986）：心理療法論考．新曜社.
(11) 河合俊雄（2010）：発達障害への心理療法的アプローチ．創元社.
(12) 田中康裕（2009）：成人の発達障害の心理療法．伊藤良子・角野喜宏・大山泰宏編：「発達障害」と心理臨床．創元社．184-200.
(13) 田中康裕（2010）：大人の発達障害への心理療法的アプローチ ──発達障害は張り子の羊の夢を見るか？．河合俊雄編：発達障害への心理療法的アプローチ．

創元社.80-104
(14) 渡辺あさよ (2011)：軽度発達障害における「イメージと言葉の乖離」について．ユング心理学研究 3, 魂と暴力．創元社．123-141.
(15) 山中康弘 (1976)：早期幼児自閉症の分裂病論およびその治療論への試み．笠原嘉編．分裂病の精神病理 5．東京大学出版会．147-192.

● 要約

　児童期にアスペルガーと診断された14歳の男子との心理療法のプロセスを検討した。最初は、クライエントの感情が暴力に直接つながっていたが、徐々になぜ自分は人と違うのか苦しむことが始まり、深い怒りが語られるようになった。そんな中、治療者との対決が生じ、クライエントの世界は展開していく。対決によって、両者に分離が生じ、クライエントの主体が成立し、同時に、治療者という他者が出現したためと思われる。事例を検討する中で、治療者とクライエントが、外的には他者として、両者がぶつかることをしつつ、内的には同じテーマを生きるという差異と同質性が同時に生じていたことが考えられた。最終的にクライエントは、自分の発達障害性を自分の中に位置づけることが可能となった。また、この心理療法のプロセスを、錬金術の硫黄と黄化の文脈でとらえることを試みた。硫黄の特質である燃焼するという性質は、暴力的ではあるが、クライエントとセラピストが出会っていくことにつながりうることも示唆された。

　キーワード：アスペルガー障害、主体の成立、他者の出現

The establishment of subject and the appearance of otherness: Psychotherapy process with a boy with Asperger's syndrome

Kyoto Gakuen University

HASHIMOTO, Naoko

The author presented the process of the psychotherapy with a 14-year-old boy diagnosed in his childhood as having Asperger's syndrome. At first, the boy's emotions directly drove him into violence. But gradually he began to suffer to wonder why he was different from others and began to talk about his deep-rooted resentment. Meanwhile, confrontation with the therapist occurred and the client's world developed significantly. It seems that the confrontation caused separation, and established the subject of the client, then triggered the appearance of the otherness of the therapist. While studying the case, it was thought that externally the therapist and the client confronted as the other, but internally shared the same theme, in which union and separation in the therapy occurred simultaneously. Then finally the client was able to identify his developmental disorder within himself. The author also considered this process in the context of sulfur and yellowing of alchemy. Combustibility, one of properties of sulfur, is violent, but it was suggested it could lead to the encounter of a therapist and a client.

Key words: Asperger's syndrome, establishment of subject, the appearance of otherness

研究論文

諏訪大社ミシャグジ儀礼に関する分析心理学的考察　その2
上社豊穣儀礼における犠牲について

吉 川 眞 理
学習院大学文学部

1　宗教の起源──心の現象の投映として

　Jung は、その生涯において何度か文明化されていない土地へのフィールドワークを行っている。そこで彼は、アフリカのエルゴイニーの山岳地帯の原住民に宗教や儀式について質問を試みたが、これといった収穫を得ることは難しく思われた。彼らは「宗教的」な風習といった概念をもっていなかったのである。あきらめて、しばらく無為なおしゃべりを交わしているとき、ふとエルゴイニーの老人が叫んだ。「ああ、そういえば、朝、太陽が昇るとき、みんな表に出て、手につばを吐きかけて、太陽にかざすよ。」実演してもらうと、彼らは手を顔の前にもってきて、その手に勢いよく唾と息を吐きかけて、その手を裏返し、太陽に手のひらをかざした。Jung はその意味を彼らに尋ねたが誰も答えることはできなかった。そこで Jung（1931/1970）は、彼らの所作の意味について、あたかも手話を翻訳するように解釈を試みた。彼によれば、太陽は、昇る瞬間に彼らにとって聖なる存在であり、息は彼らの中に宿っている霊であり、それゆえ所作は「神よ、私の生けるたましいを、あなたにお捧げします」という意味であるという。それは、キリスト教徒の「主よ、わが魂をあなたの御手にゆだねます」という祈りに通じるとした彼の指摘（202頁）は示唆に富む。

この祈りは、原始の時代から引き継がれている宗教感覚の核心なのである。

　Jung（1936/1982）は、儀式について「部族の伝承は神聖で恐ろしいものである。あらゆる秘儀は、目で見ることのできない心の現象をとらえようとしている。」（36頁）と述べている。彼は、「目に見えない心の現象」が、文明化されていない部族の神話伝承および現代の宗教の根源に投映されていると理解しており、これらの素材を分析することで、人間の心の深層の動きをとらえようとした。Jung が探求していたのはこの「目に見えない心の現象」そのものであったことを、ここで確認しおきたい。この点を見過ごしてしまうと、彼の研究を大きく誤解することになるだろう。中世の錬金術文献やキリスト教における象徴を世界中の神話伝承と対比させながら進められた Jung の考察は、その神秘性や宗教に耽溺していたのではなく、むしろ、客観的な、科学者としての目で、それらの素材を人間の心的現象の投映として扱っていたのである。その意味で、彼は決して神秘主義者や宗教研究家ではなく、神秘主義や宗教と心の世界の現象との関連を、科学の目を通してとらえようとした徹底した心理学者といえるだろう。

　本論文では、この Jung の視点を受け継いで、日本の古い祭祀における象徴を考察することで、古代の日本人にも、現代に生きる私たちにも通じる、心の深層の普遍的な要素を見出し、その体験のあり方について検討を行いたい。

　素材として、信濃の諏訪大社上社のミシャグジ儀礼を取り上げるが、本研究では、特にその犠牲儀礼に焦点をあてる。ミシャグジ儀礼の成立の背景について詳しくは前著（吉川，2010）を参照されたいが、ミシャグジは自然の産出力を表象した目に見えない蛇体神であった。それは、天から樹をつたって降り、石に宿り、器となる少年の人格に宿る。諏訪大社上社のミシャグジ儀礼では、その少年を「大祝（おおほうり）」と称する現人神として祭り、豊穣を祈って犠牲が捧げられる原始農耕儀礼が執り行われたのである。

2　ミシャグジ儀礼における豊穣儀礼

　諏訪大社上社の豊穣儀礼のうち、その収穫儀礼である秋のトコマツ社の神事について、田中（1975）は「仮屋をかまえて稲積の上に鹿皮を敷きその上に童神＝大祝が座し、酒をくみかわす。」（109頁）と記述している。この饗宴の後、大祝は、12月22日農作業納めの日より厳寒の百数日間、地面に大きな竪穴を掘って屋根を葺いた原始的な構造の御室（みむろ）に籠もった。諏訪大明神絵詞には「大穴を掘りて、その内に柱を立て棟を高くして萱を葺きて軒の垂木、土を支へたり。今日（12月22日）第一の御体を入奉る。大祝以下神官参籠す。」という記述がみられる。この縄文時代の竪穴式住居さながらの土室は、「蛇之家」（諏訪神道縁起）とも呼ばれていた。第一の御体とは藁で作られた小蛇であり、ミシャグジ神であった。そして、翌日、「第二の御体」として茅で作られた小蛇を入れる（12月23日）。そして、12月24日、御室の「萩組の座」に、第一の御体（ミシャグジ神）を左から、第二の御体（ソソウ神）を右から入れる「大巳祭（おおみのまつり）」が行われる。ソソウ神は諏訪湖から来て春に帰る蛇神であり、萩組に入る際に、麻と紙で飾り、諏訪湖から御室までの道順を述べる「申し立て」を行うという。翌日25日には「神体三筋御入」が行われる。大和（1990）は、「この神体は、『旧記』、『年中神事次第』、『諏訪神社縁起（上）』などの記載を照合すると、長さ５丈５尺、太さ２尺５寸（約17メートル）の御房三筋を榛の木で結んだものと長さ４尋１尺、周り一尺八寸の又折（約８メートル）を入れる」（198頁）と記している。こうして三日の間に小蛇は大蛇となる。この御房も又折も、現在では実際にどのようなものであったかを明らかに知ることはできないが、この御房と又折を麻と紙で飾りつけたものを『むさて』と呼んだことは知られており、「或人伝、ムサテハ十二月ノ祭日ヨリ三月ノ祝日ノ時マテ籠（こもる）、蛇ノカタチナリト云人モアリ」（古記断簡　御室之事ノ条）という記載があることから、大和（1990）は、この24日をミシャグジ神とソソウ神の神婚であると

し、この神婚によって身ごもったソソウ神が春まで御室の「穴巣」で懐妊の籠もりを行うと述べている。折口（1965）は、冬は「ふゆ（殖ゆ）」であると解釈しているが、この御室の冬籠もりこそ、厳寒の地下においてひそかに生命が育まれる「殖ゆ」神事であった。また、宮坂（1978）によれば、12月31日夜、この御室の中で大祝と神長は向い合って座り、ミシャグジの神を勧請して神の託宣をきく。この神占いで上社の酉の日の神事（御頭祭）に奉仕する村（御頭郷－おとうごう）が定められるのである。

神長官守矢資料館（長野県茅野市）展示

　この穴巣籠もりでは「一が二になり、二が三になる」過程が表現されている。この御室の中では、二組のペアが成立している。ミシャグジ神とソソウ神の男女のペア、そして大祝と神長の老若のペアである。大穴の中心に柱をたてて萱を葺いた御室は、いわば地下の曼荼羅であるともいえる。その中で新たな一年の準備がすすめられ、大地の生命力が育まれるのである。3月13日酉の日を迎えると、彼らは御室から出て、御室は打ち壊される。そして、再び鹿皮を敷いた稲積の上に座す大祝を中心に、諏訪祭祀圏の祭政体の構成員が参加する大饗宴を催す御頭祭が行われた。その様子は、鎌倉時代末期より伝えられた諏訪大明神絵詞において「禽獣の高盛り、魚類の調味美をつくす」と記録され、鹿肉、濁酒などが供される贅沢な饗宴であった。さらに、そこで鹿の頭七十五の生首が、松の板の俎板にのせられて大祝の面前に供えられたことが記録されている〔写真〕。やがて夕暮れ時になると、儀礼はクライマックスを迎える。儀礼をつかさどる神長が、参加者の髪の毛、柳の芽、くぶしの花、じしゃの枝、檜の葉を束ねて杖にゆわえて作成した「オコウ柱」に、祭器の鉄鐸をも取りつける「まねごと」を行う。そして「オコウ」と呼ばれる八歳の少年にこの杖を手渡す。30日の潔斎を経てこの場に引き出されたオコウは、この杖を受け取っ

た瞬間に倒れる所作を以って杖の威力を示す。オコウは、大祝より藤白波の玉蔓を戴き、オコウ杖を背に縛りつけられ、さらにタスキがけに藤つるを巻きつけた姿で馬に乗せられ、大祝の即位式（吉川，2010；107-130頁）と逆廻りに三回廻った後、群衆の中に「消えた」とされる。興奮した群集は、オコウを馬からひきおろし、「自然人をあやまつ」に至ることもあったと言い伝えられている。古来の郷土史の信府統記（1795）では「葛ヲ以テシメ、馬ニノセ、前宮ノ西南ノ馬場ヲ引キ廻シ、打擲ノ躰ヲ為ス」という記録が残っている。実際には、儀式全体は厳密な秘儀とされ、世襲の神長を務めた守矢家一子相伝の口伝として伝えられてきた。オコウは大祝を出す神氏直系ではなく、その傍系の家より選ばれた少年達で、死んだオコウは次の世で神氏直系の家に生まれ変わると言い伝えられていた。

3　穀物霊儀礼としてのミシャグジ儀礼における犠牲

　農作業納めの日の収穫儀礼において、大祝は、稲積みの上に座して、ミシャグジ、恵みを産み出す力として接待され、感謝を受けるが、それは稲魂・穀物霊を思わせる。厳寒の大地に掘られた穴に籠る大祝は、地下世界で冬を過ごす。やがて春を迎え、大地から姿を現したミシャグジとしての大祝に、七十五頭の鹿が捧げられる。新たな生命をもって再生した大祝は、オコウを民衆に引き渡す。大祝の身代わりとして登場するオコウは、この日に民衆の興奮の渦の中に投じられたのである。

　この大祝の儀礼には、ヨーロッパにみられた穀物霊儀礼との類似性がみとめられる。Frazerは、その『金枝篇』で穀物霊儀礼について「ヨーロッパの収穫祭の習慣に伴う物語を比較してみると、以下の三点が浮かび上がってくる。すなわち、その一；刈り取り競争と穀物の束に人を縛り付ける、その二；穀物霊あるいはその身代わりの殺害、その三；収穫の畑への来訪者、あるいは通りかかった他所者を饗応する」（200頁）と記述している。

穀物儀礼においては、穀物霊やその身代わりの殺害は、重要な要素であった。

ヨーロッパに限らず、おそらく古代の原始農耕社会においては「大地の豊饒性や民の繁栄のための儀式的な王殺し、人身御供による神の再生、賦活、参会者が祖先の生命力と再結合する目的を持ってトーテム動物を食す習慣」が広く行われていたことについて Jung も『ミサにおける転換象徴』（1942/1989；204頁）において考察を展開している。

ミシャグジ儀礼豊穣儀礼をこの文脈でとらえてみると、酉の日の神事におけるオコウの役割は、大祝の身代わりであった。ミシャグジ儀礼は、厳密に秘儀として口伝されてきたために、推論にとどまらざるをえないが、偶発的にせよ人身御供が行われていた可能性がある。また、オコウ杖を手渡されたオコウが地面に倒れる所作を強要されたことは、杖を持ちこたえることができない弱さの呈示であったと思われる。ここでオコウは衰退した神の役を振られている。さらに、このミシャグジ儀礼では、大祝に捧げられた七十五の鹿の生首も、穀物霊にささげられた犠牲の直接的な表象となっている。神への御供は、日本の神道儀礼においても一般的であるが、それらの多くにおいて様式美が重視されるようになった中で、多数の鹿を殺戮するミシャグジ儀礼においては、御供が犠牲であった原型に忠実に、生のまま伝承されているといえるだろう。神は御供をうけるが、また神自身（その分身）が、民衆の犠牲となる構造は、フレイザーの記述した穀物霊儀礼の原型をとどめており、ミシャグジ儀礼はこの点で非常に興味深い犠牲儀礼なのである。

4　供犠（犠牲）儀礼の基本構造に関する記述と分類

E.B. Tylor は、その著書『原始文化』（1871）において、多様な文化における供犠祭祀を比較して、供犠の起源は、超自然的存在に対して行う贈り物であると想定した。そして、神の存在が偉大になるにつれて、贈り物の

聖別が行われるようになり、贈り物はもはや何らの返礼が期待されない供物となったのだという。また、R. Smith（1886）は、トーテム崇拝の行事が、トーテムを共有する共同体の成員の結合を維持し保障することを目的とすると論じた。血による結盟や共同の食事によって、成員の絆が強められたのである。また、Durkheim 学派の Mauss と Hubert は、その共著『供犠の本質と機能についての試論』（1898/1993）において、供犠儀礼の機能は、聖なる世界と世俗の世界との間の伝達の確立にあるとした。つまり、世俗に生きる者が犠牲を媒介として聖なるものと一体化するための手段であるという。さらに「供犠とは、犠牲の聖化により、これを行う人格、または、この人格が関心をもつある対象の状態を変化せしめる宗教的行為である」（17頁）と結論付けている。

　ミシャグジ儀礼において、返礼の期待されない供物とは、ミシャグジ神である大祝に捧げられた七十五頭の鹿に該当する。また、この鹿の肉は祭政体の成員によって共食され、彼らの結盟を強めたことであろう。しかし、春の酉の日の神事の夕刻に行われるオコウの駆追あるいは殺害の人身御供は、Mauss のいう「祭主」である大祝、あるいはそれを戴く共同体の状態の変容をもたらす儀式という定義がもっともよくあてはまると思われる。人身御供は、個々の人格や共同体全体に変容をもたらす行為なのである。

　儀礼の形態は、それぞれ文化によって異なり、狩猟文化と農耕文化では様相が異なることが報告されている。採集狩猟文化、遊牧、牧畜の文化など動物とのかかわりが深い圏内では、動物が犠牲となることが多く報告されている。たとえば、アイヌにおいて行われたイオマンテでは、春のクマ狩りで見出した小熊を居住地に連れ帰り、一年間飼育して冬にこの熊を殺害し解体して頭を祭壇に祀り、肉を食す饗宴を行うのである。また、イスラエルのユダヤ教では、子羊が屠られ、祭壇で焼く燔祭が行われた。旧約聖書の『創世記』22章の、アブラハムが息子イサクを犠牲に捧げるように求められたエピソードは、神の子イエス・キリストの十字架の死の伏線へとつながっていく。動物の死が、人間の犠牲、しかも祭主に最も近い存在へと移行していき、イサクの燔祭に見られるように、それが実行されることなく、象徴化され、調理品によって代替され継続されてきた精髄とし

てのミサが存在する。これに対して、人間が犠牲に捧げられた供犠儀礼は、原始農耕あるいは原始農耕開始以前の採集・漁撈文化圏で報告されている。ペルーの古代文明における心臓の供犠や、東アジアの首狩りの習慣がその例として知られている。日本においても人身御供にまつわる神話（ヤマタノオロチ）をはじめとして、伝説、昔話を各地に散見することができる。赤坂（1992）は「定住農耕を基調とする社会の成立とともに、人間は自然から疎外され、自然の一部からむしろそれに対立する存在となった」（302頁）と述べているが、自然からの疎外を補償するための究極の供犠が人身御供であると考えることもできるだろう。Mauss の宗教社会学の見解によるならば、私たちは供犠を通して、聖なる世界、本来の自然の世界との交流を復活させるのである。

このように多元的な供犠儀礼の現象の軸からミシャグジ儀礼をとらえると、七十五頭の鹿の頭の犠牲は狩猟文化圏の形式をとどめており、これに対して春の酉の日の神事におけるオコウの犠牲は、農耕文化における穀物霊儀礼における古い王の犠牲である。前著（吉川，2010）でも「諏訪大社のミシャグジ儀礼において、洩矢族のミシャグジ崇拝とミワ氏の三輪山信仰の二者の統合が生じたことを示唆している。」（114頁）と述べたように、前者は採集狩猟文化に親和性が高いことに対して、後者は定住文化でありヤマタノオロチの神話に見られるような人身御供に関連する蛇儀礼と関わっていたようである。蛇儀礼と人身御供の関連に関しては、Jung（1911-1912/1985）も蛇の象徴について「犠牲の道具として蛇を用いる例は多い。蛇は命をとめる刃であるが、またファロスとして、再生力の象徴、すなわち死体のように地中に埋葬されて同時に大地を受胎させる精液になる穀物の粒の象徴である」（653頁）と述べている。以上より、ミシャグジ儀礼には、動物の犠牲と神の身代わりの犠牲の両者の併存がみてとれる。その背景として、鹿の頭七十五頭の供物とオコウの犠牲という異なる流れをもつ二つの祭政の習合が考えられるが、動物犠牲から神による自己犠牲への移行が反映されているとも考えられるのである。

5　キリスト教のミサとミシャグジ儀礼における酉の日の神事との対比

　Jung は、著作「ミサにおける転換象徴」(1942/1989) において、キリスト教におけるミサに関する、詳細な心理学的考察を行った。Jung はそこで「キリストの犠牲と聖体拝領において、人間の魂のもっとも深い層、つまり最古の人身御供と儀式的人食いが表現されているのである」(204頁) と述べている。

　ここで、古代的なミシャグジ儀礼で行われたと推論されるオコウの犠牲儀礼の構造を、キリスト教のミサ及びその歴史的な根拠とされるイエス・キリストの受難と復活の構造に対照させてみたい。まずその共通点を挙げると、両者の儀礼の中核として、神は犠牲を捧げるものであり同時にその犠牲でもあることである。キリスト教のミサでも、神は犠牲を捧げる者であり、同時に犠牲でもあった。なぜなら神は、その息子と三位一体の教義において「本質において等しい」とされているからである。一方、ミシャグジ儀礼でも、現人神大祝はオコウを犠牲に捧げるのだが、その際、オコウは彼の分身であり、彼自身を犠牲にすることを意味していたと考えられる。たとえばオコウが儀式の前に大祝と同じ期間の潔斎を受けること、儀式において大祝から玉鬘を戴くのがその例である。死んだオコウは来世では大祝の家系に生まれ変わるという言い伝えも報告されている。

　同様に第二の共通点として、犠牲の死が新たな生命の復活をいざなうことである。キリストは十字架の死後三日目によみがえり永遠の生命の象徴となった。オコウの死は、大地から復活した大祝の再生と関連する。第三の共通点として、どちらの死と再生も、春の到来に合わせた三月（キリスト教歴では前後するが）であり、両儀礼の深層において、大地の穀物霊の死と復活のモティーフとの関連が想定される。

　両儀礼の最も重要な違いは、その経験の様態である。すなわち、ミシャグジ儀礼においては、毎年、大祝の身代わりとしてオコウが「消える」など、何らかのかたちで犠牲が直接的な行動として繰り返されていたと推測

される。一方のキリスト教においては、キリストの十字架は歴史的に一回性のものであり、この十字架の犠牲はミサにおいて繰り返し想起することが求められる。つまり、キリストの犠牲は心理的な次元で反復して体験されるのである。もう一点の違いは、儀礼の中で食される対象である。ミサにおいては、会衆はキリストの血と肉を、葡萄酒と聖餐の形で実際に取り入れる。ここでは、キリストの血と肉が葡萄酒と聖餐に象徴化されていることに着目しなければならない。ミサは洗練された象徴機能の上に成立している「神喰い」儀式であるというのが、Jungの見解である。ここにおいて会衆は、キリストの受難を想起しつつこれを身に受け、新しい生命をあずかる。いわば神／キリストの受難をわが身に取りこむのである。これに対して、ミシャグジ儀礼では、現人神の大祝を囲み鹿の肉と酒の饗宴が催される。そこでは、動物の犠牲の生命力を喜びと感謝をもって取り入れるが、犠牲獣の受難に思いはせられることはない。ここでその受難の体験は、会衆に同化されないままに終わっていることに留意しておきたい。

6 犠牲の心理的意味に関するJungの探求

　ここで再び、本論の導入で取り上げたエルゴイニーの原住民から現代のキリスト教徒にまで共有されている「わが魂をあなたに捧げます」という祈りに立ち返って「わが身を犠牲として捧げる」自己犠牲の心理的な意味に対するJungの探求を概観したい。

　Jungにとって、この探求は、非常に重要な主題であった。牧師の息子であったJungにとって、十字架のイエスのイメージは、物心ついたときには、もっとも身近に接する象徴であったことは想像に難くない。さらに幼年期のJungは、一つ目の地下の神を夢に見て、母親が「あれが人喰いですよ」という声を聴いた。人を喰う神こそ、犠牲を求める神に他ならない。

その1 『変容の象徴』

　Freud の精神分析理論から離脱して新たな自分自身の分析心理学を確立しようとした Jung にとって記念的な著作となった『変容の象徴』（1911-1912/1985）では、アメリカ人女性ミラーのファンタジーを素材に拡充法を用いて心の変容の過程論が展開されている。Jung はその「犠牲」の章で、以下のように犠牲の背景にある心理過程を明快に記述している。「ミトラ教の犠牲がなお古代的な動物の供犠によって象徴されており、もっぱら衝動的な人間の馴致、訓育を目標とするのに対し、人間の死によって具象化されるキリスト教の犠牲の思想は人間全体を捧げることを、すなわち動物的本能を矯めるだけでなく全面的に放棄することを、さらにそのうえ人間特有の精神的機能をこの世を超えた精神的目標に向けて鍛えることを、要求する。」（652頁）ここに記述されたその心的過程は、人間が自我主体の在り方を断念する、深く、倫理的な過程であった。

その2 『赤の書』

　1913年12月から、Jung は、自分自身でアクティブ・イマジネーションの実験を始め、それを『黒の書』に書き留めることを始めた。覚醒している状態でファンタジーを意図的に喚起し、その流れの中に入り込んでいく手続きであった。実験を続けながら、この作業の意味については確信できない時期が続いていたが、1914年より、これまで記録してきたファンタジーを、挿絵とともにカリグラフィを用いて入念に書き写し、ファンタジーの内容の意義や説明を付け加えた「新たなる書」の作成が開始された。第一次世界大戦下、Jung が社会的な公職から撤退し、チューリヒ湖畔の自宅で開業と思索・執筆の日々にすすめられた内向的な作業であり、『赤の書』と名付けられたのである。

　この「新たなる書」には、内的人物像との対話の折々に、繰り返し犠牲のイメージが出現する。第一部の第5章で、洞窟の中の地下水流の流れに見だした、傷つき血まみれの人が泳いでいるヴィジョンがその端緒となっ

た。その流れの底に赤い太陽が輝くが、何千匹の蛇がこの太陽を覆い隠し、深い闇の中で深紅の血が噴き出す恐ろしいイメージが展開する。血潮を照り返す水晶石を持ち上げた Jung は、そこで金髪の英雄の殺害があったことを知る。Jung 自身、この金髪で青い目の英雄であるジークフリートの暗殺への関与を自覚し「私は、それゆえにあの殺害の当事者であり、殺害が遂げられた後で、私の内には深みの太陽が光を放っている。つまり、私の内には太陽を呑み尽くそうとする何千匹のもの蛇もいる、私自身が殺害者であって、かつ殺害されたものであり、私自身から、血の泉が流れ出しているのだ」（265頁）と記している。第11章では、エリヤとサロメのペアとの対話のうちに、十字架にかけられた者のように腕を広げて立つ Jung 自身の体にはぎっしりと蛇が巻き付いており、「蛇は私の体を恐ろしい輪になって締め付け、私の体からは血が山腹の泉へと流れ落ちる」（265頁）状況を体験する。大戦下の状況で、人間として在るべき新たな存在様態を探求する Jung は「私はキリストにされ、私はこのことを被らねばならない。かくして救済の血が流れる。自己犠牲を通じて、私の快楽は変容され、より高次の原理に移行する。愛は目が見えるが快楽はみえない」（267頁）と、自己犠牲が快楽の断念であることを示唆する。

　これらは、ファンタジーの領域、現実と内界の境界域における Jung 自身のイニシエーションの過程を思わせる。それは、Jung が『変容の象徴』において「その高みによじのぼろうとする企ては敢行されなければならない。この冒険がなされなくては、このような暴力的でも大胆でもある変容の企てが事実可能であることが証明されえないからである。また、このような企てに助力したり、逆に挫折させたりする力がどのようなものか、判断し理解することもできないだろうからである。」（652頁）と記述した冒険的な変容の企てであったといえるだろう。第二部第12章では、魂によって、少女の生贄の死体の一部を食することを強要される。それは、彼自身の魂の救済へとつながるのだという。「人間は悪の行為に自分も共犯であることを認めねばならない。血に染まった生贄の肉を食べることによって、この認識を表明せねばならない」（315頁）と述べられる。

その３　『ミサにおける転換象徴』

　Jungによる犠牲の心理学的意味の考察は、この『赤の書』の作成から錬金術やマンダラの研究を経て、晩期の著作にまとめられた。そこで彼は、キリスト教のミサにおける犠牲表象の背景に「はじめは散らばっていた部分からなっていたものの新たなる統一の総合であるが、同時に、自我に先立って存在し、いわばその父あるいは創造主で、その全体でもある何者かがあらわになる」（1942/1989；244頁）個の確立過程があると結論している。彼は、ミサにおいて認められる特性として次の４点（244-245頁）を掲げた。

(1) 人間が一方では犠牲を捧げるものとして、他方では犠牲を捧げられるものである
(2) 同時に両者である時には、人間ではなく神に近づくこと
(3) 神が犠牲の行為において苦しみながら死ぬ人間になる
(4) 犠牲になった神の体を食べることによって、その復活を確信し神性の参与を理解する

　Jungは、これらの４点を、個性化の過程の心理的体験とみなした。その理解においては、人間は自我に、神は自己に置き換えられる。自己犠牲は、自我による利己主義の放棄であり、自我主体の在り方の放棄を意味する。しかし、自我は、自己のあらわれでもあり、その生み出したもの（息子）である。したがって、自我の中心性の放棄は、自己にとってわが身の一部を放棄することになるのである。自我主体的な、利己的なあり方を放棄した時、人は新たな統合へと向かう。換言すると、自我の変容の過程において、これまでの古い自我の在り方が放棄されるのである。Jungは、犠牲のイメージを扱うファンタジーの拡充法によって神話や芸術に現れたイメージを考察し、この過程を内省し記録にとどめた。これらをもとに、宗教儀式における犠牲の意味について心理学的な考察が行われたのである。その考察は、犠牲象徴の背景に、自我が変容する過程として個性化のダイナミズムを想定するものであった。

7　西洋キリスト教における犠牲儀礼の観点からとらえたミシャグジ儀礼の特徴

　Jung の犠牲象徴に関する見解によれば、その本質は、神の次元へと向かって、自我が求める快楽、利己主義、自我そのものを犠牲にする苦しみの体験であった。Jung は、この放棄において、十分な苦しみへの主体的関与が体験されることを重視した。自我が恐ろしい受難を苦しみ抜くとき、そこに苦しむ主体としての自我は存続しており、解体された自我の断片が、あらたな統合へと向かうという。換言すると、西洋キリスト教文化における自我は、犠牲に対する加害の悪が自身の内に潜在していることに気づき、自己中心的な欲望を断念する苦しみを最後まで抱え抜くことによって、すなわち罪の自覚を持ち、これを改めようとするときに、次の段階への発達を遂げるのである。

　Jung がキリスト教の犠牲儀礼の背景にあると想定したこのような心の変容のダイナミズムの視点から、ミシャグジ儀礼をとらえてみると、次の二点があきらかである。第一点として、大祝とオコウの一体性の不完全性である。その一体性は、儀式所作や口伝による示唆にとどまっている。このため、犠牲を捧げるものと犠牲との間に分極が生じており、犠牲への同一化は回避される傾向が見られた。その結果、大祝の分身であるオコウは多くの人にそれと知られず、新しい春の喜びの宴の明るみを背に、闇の中に消えてゆく。オコウの受難は、オコウのみに背負わされて地面の下に葬られ、その痕跡が残されることもなかったのである。第二点として犠牲の受難への共感がみられないことである。ミシャグジ儀礼の「神喰い」の儀式においては、犠牲に対する同一化、犠牲を捧げる側の痛みや犠牲の苦しみと向き合い統合する心理的作業が伴わないままに、現人神の饗応として、歓びをもって犠牲の肉を食し、わが身に取り入れたのである。

　Jung による犠牲儀礼の考察の視点、すなわち西洋的自我の視点からミシャグジ儀礼をとらえると、そこには、犠牲の苦しみと向き合い、その犠牲を出す痛みや罪悪感を引き受ける西洋キリスト教的な自我の主体性やそ

の変容過程を認めることはできない。このように西洋キリスト教的な自我の基準に照らしてみると、日本人の自我は主体性に欠け、犠牲の苦しみを自我の苦しみとして向き合おうとしない。また、その犠牲を生み出した悪が、自分自身の内面にも存在していることを自覚することも困難であるとみなされてしまうだろう。

8　ミシャグジ儀礼に反映された日本人の意識の変容過程

　しかし、古い神道の流れを汲むミシャグジ儀礼にこそ、西洋キリスト教文化と異なる日本文化に特有な自我の在り方や、変容の体験が反映されていると想定してみると、まったく違う局面が浮かび上がってくる。そこで、初めてミシャグジの犠牲儀礼に、どのような日本的な意識のあり方やその変容が反映されているのかについての考察が可能になるのである。
　ミシャグジ儀礼においては、大いなる存在、自然精霊の段階である「カミ」が存在しており、大祝はこのカミの器として機能する。そこでは、このカミが迎えられ、祀られ、犠牲儀礼を経て、あらたまる。そしてカミがあらたまるとき、これを受けて人々の意識の在り様もまた変容し、その変容に伴う痛みに直面することなく、新しい意識への移行が生じていくのである。
　西洋キリスト教において、その人格の中心である自我は、人格神と対峙しようとする。しかし、日本人の人格は、それ自体が器となって、自然精霊の段階であるカミを受け容れるのである。そこに、まさに空の器としての自我の在り方が浮かび上がってくる。それが器であるために、矛盾するものをその内部に同時に抱え持つ能力がある。また、中身の入れ替わりがあっても、器としての同一性が保持することができる。そのため、破壊を経ることなく、変容し、生命力を更新させる可能性を持つといえるだろう。ミシャグジの犠牲儀礼は、こうしてミシャグジの器として機能する大祝を

更新させ、消え去る古いカミの器としてオコウをあちらの世界に送ってきたと考えられるのである。

　このような自我のありかた、日本人の意識について、河合隼雄はすでにJung研究所に提出した分析家資格のための審査論文（河合, 1964）において「男性と女性、太陽と月、光と闇を包摂する」（104頁）包括的な意識であると述べている。この日本的な「女性－太陽の意識（female-sun consciousness）」は、ノイマンが母権的意識と父権的意識と呼ぶものを、ともに含みこんでいるという。河合はさらに、その後、この日本神話研究での着想を練り上げて、古事記神話の「中空性」論へと発展させた。そこで日本人の心の構造モデルは、「空を中心とするとき、統合するものを決定すべき決定的な戦いを避けることができる。それは対立するものの共存を許すモデルである（河合隼雄, 1980；41頁）」と論じられている。ここで河合隼雄が論じた空を中心とする、対立するものの共存を許す心の構造は、ミシャグジ儀礼における、カミを受け容れる器、受身的な客体として機能する自我と矛盾しない。ここでミシャグジ儀礼の背景に浮かび上がってきたこの日本的な自我のあり方について、「器として機能する自我」という表現を用いた。日本的意識は、この「器として機能する自我」において生成するものとすれば、その変容は、人格を超える存在である自然精霊を、どのように、迎え、これを抱え、新たな存在へと変化させることができるのかを反映しつつ進行すると思われる。

　この視点からミシャグジ儀礼をみなおすと、大祝は厳冬の御室の穴巣籠もりにおいて、新たな生命を宿し地上に現れる。そこでオコウという分身を得て、二重身となる。新たな生命を帯びた大祝と古い存在を体現したオコウの間には分極が生じ、オコウは闇の中に送り出される。このオコウの犠牲の上に、器の中身はあらたまるのである。日本的意識に変容が生じるとき、分極が生じ、古いあり方は犠牲として消えていく。儀礼の参会者は、その犠牲の苦しみに直面することなく、去りゆく犠牲の後ろ姿を見送るのである。このように、ミシャグジ犠牲儀礼の背景には、日本的な意識や自我の変容の過程が反映されていることが明らかになった。この変容の過程は、日本人の個性化、日本的意識の生成にとって重要なテーマであり、さ

らなる探求が必要であろう。

文　献
(1) 赤坂憲雄（1985）：異人論序説．砂子屋書房．
(2) Frazer, G.J.（1890-1936）: The Golden Bough.（永橋卓介訳（1961）：金枝篇三．岩波書店）
(3) Jung, C.G.（1931）: Archaic Man.（高橋義孝・江野専次郎訳（1970）：古代的人間．現代人の魂．日本教文社）
(4) Jung, C.G.（1936）: Archetypes of the collective unconscious.（林道義訳（1982）：元型論．紀伊国屋書店）
(5) Jung, C.G.（1911-1912）: Symbole der Wandlung Analyse des Vorspiels zu einer
(6) Schizophrenie.（野村美紀子訳（1985）：変容の象徴．筑摩書房）
(7) Jung, C.G.（1942）: Transformation Symbolism in the Mass.（村本詔司訳（1989）：ミサにおける転換象徴．心理学と宗教人文書院）
(8) Jung, C.G.（1957）:The Red Book.（Sonu Schamdasani, etal.（2009）: The Red Book: Liber Novus, Norton, New York.（河合俊雄他訳（2010）：赤の書．創元社）
(9) 河合隼雄（1964）：日本神話における太陽の女神像（河合俊雄他訳（2009）：日本神話と心の構造．岩波書店）
(10) 河合隼雄（1982）：中空構造日本の深層．〈中公叢書〉．中央公論社．
(11) Mauss, M &Hubert, H.（1898）: Essai sur la nature et la fonction du sacrifice.（小関藤一郎訳（1993）：供犠．法政大学出版局）
(12) 折口信夫（1965）：花の話．中央公論社．
(13) Smith, W. R.（1890）: Sacrifice, in Encyclopedia Britanica.
(14) 田中基（1975）：洩矢祭政体の原始農耕儀礼要素．古部族研究会；古代諏訪とミシャグジ祭政体の研究．永井出版企画．
(15) Tylor, E.B.（1871）: Primitive Culture. London: John Murray.（比屋根安定訳（1962）：原始文化．誠信書房）
(16) 大和岩雄（1990）：信濃古代史考．名著出版．
(17) 吉川眞理（2010）：諏訪大社ミシャグジ儀礼に関する分析心理学的考察──上社大祝即位儀礼について．ユング心理学研究，第2巻, 107-130頁

● 要約 ....

　神道の儀式より、日本人の心のあり様をみることができる。諏訪大社のミシャグジ儀礼の豊穣儀式は日本の古代儀礼を継承しており、この儀礼には二種類の犠牲儀礼がみられる。一つは蛇体神の依り代である大祝へ捧げられる75頭の鹿である。もう一つは大祝の身代わりとしてのオコウの犠牲である。キリスト教のミサと比較してみると、両儀礼ともその基底に「大地の豊饒性や民の繁栄のための儀式的な王殺し」という含意をもつものである。ユングは、その犠牲象徴に関する多くの著作において、ミサは個性化の過程における変容を反映していると論じている。この観点より西洋人の心にとってその超越的存在が神であることに対して、日本人の心のそれは自然であるといえる。そこで、日本人の心の個性化の過程は、日本的な『器として機能する自我』における自然との相互的関連に反映されるのかもしれない。

　キーワード：神道、犠牲、個性化

Sacrifice in Mishaguji Ritual in Japanese Shinto: A Comparative Study of the Mishaguji Harvest Ritual and the Mass in Christianity

Gakushuin University

Mari Yoshikawa

We can observe symbolic happenings in the Japanese psyche in old Shinto rituals. Mishaguji rituals for harvest at Suwa Grand Shrine apparently took over the original form of archaic rituals in old Japan. The rituals there included two kinds of sacrifice: 75 deer heads offered to Oh-Houli, the living snake god, and the sacrifice of Oh-Kho, the representative of Oh-Houli. A comparison with the Mass in Christianity shows that both rituals carry connotations of "the ritual slaying of the king to promote the fertility of the land and the prosperity of his people, the renewal and revivification of the gods through human sacrifice". In light of Jung's writings on the symbolism of sacrifice, it is evident that the transcendent for the Japanese psyche lies in Nature, while for the Western psyche it resides in God. In Jung's view, the Mass symbolizes transformation in the individuation process. For the Japanese psyche, individuation may be reflected in the interaction with Nature in "Japanese Containing Ego". (167Words)

Key words:　Shinto, Sacrifice, Individuation

『ユング心理学研究』投稿規定　　（2010. 11. 改定）

本誌に分析心理学に関する研究論文の投稿を希望される方は，以下の投稿規定にしたがって投稿して下さい。

Ⅰ　投稿資格
1. 論文の投稿資格は，本学会会員，日本ユング心理学研究所資格候補生・訓練候補生・聴講生・登録会員に限る。ただし，編集委員会からの依頼論文については，この限りではない。

Ⅱ　論文の内容と文字数
2. 本誌は，ユング心理学に関する学術論文を掲載するものとする。内容的には，臨床心理学・精神医学の領域に限らず，文化人類学・民俗学・宗教学・哲学・芸術等の領域を含めた広く学際的なものも受け入れる。論文の内容は未公刊のものに限り，分量は16,000字（40字×40行×10枚）を限度とする。
ただし，依頼論文の場合はこの限りではない。
なお，図表類はその大きさを本文に換算して，字数に算入すること。

Ⅲ　原稿作成に関する一般的注意
3. 原稿はA4用紙を用い，1ページあたり40字×40行（1,600字）とすること。
4. 原稿は，ワープロを用いて作成することが望ましい。
5. 原稿は横書きで，原則として常用漢字・新かなづかいを用い，数字は算用数字を用いること。外国語はすべてワープロ（タイプ）で打つこと。
6. Th., Cl., SCなどの略語は原則として使用しないこと。ただし，記述が煩瑣になることを避けるために用いる場合等には，初出の際にその略語の意味を明示した上で，使用すること。

Ⅳ　プライバシーへの配慮
7. 臨床事例を用い，クライエントに関する情報を記載する必要が生じる場合には，記載する情報は最小限度とし，プライバシーに十分配慮すること。

Ⅴ　外国語の表記
8. 外国の人名，地名等の固有名詞は，原則として原語を用いる。その他の外国語はなるべく訳語を用いること。外国語を用いる場合は，初出の際訳語に引き続いて（　）をつけ示すものとする。

Ⅵ　図表
9. 図や表は，図1，表1など順序をつけ，それぞれに題と内容を原則として和文で記載すること。

Ⅶ　引用
10. 本文中に文献を引用した場合は，引用した箇所を「」などでくくり明示すると同時に，著者名と公刊年，頁数を記載すること。
    a）本文中に，著者名を記載する場合
    　　河合（1995）は，「○○○」（○頁）と述べている。
    b）引用の終わりに，著者を示す場合。
    　　「○○○」（河合，1995；○頁）。
    c）訳本の場合には，原典の発行年と訳本の発行年を，"/"で併記する。
    　　本文中記載：Jung（1935/1987）引用末記載：(Jung, 1935/1987)

d）著者が複数いる場合には，筆頭者のみを挙げ，和文献であれば"ら"，洋文献であれば"et al"を用いる。
Ⅷ　引用文献
11. 引用文献は，引用箇所の末尾に頁数を明記し，かつ本文の終わりに「文献」の見出しで，著者の姓を規準にしてアルファベット順に一括して記載すること。
　　a）雑誌の場合：著者名，公刊年（西暦），論題，誌名，巻（ゴチック），号，記載頁の順序による。なお，雑誌名の記載に際しては，和・欧いずれの場合でも，略語は用いない。
　　　　邦文例）横山博（1995）：ユング派の心理療法における転移／逆転移．精神療法，21（3），234-244，金剛出版
　　　　洋文例）Giegerich, W. (1999): The "Patriarchal Neglect of the Feminine Principle": A Psychological Fallacy in Jungian Theory, *Harvest 45*, 7-30.
　　b）単行本の場合：著者名，発行年度（西暦），書名，発行所，引用頁の順序とする。ただし編者と担当執筆者の異なる単行本の場合は，該当執筆者を筆頭に挙げ，以下，発行年度，論題，編者名，書名，発行所，頁の順とする。
　　　　邦文例）赤坂憲雄（1985）：異人論序説．砂子屋書房．
　　　　洋文例）Hillman, J. (1975): *Re-Visioning Psychology*. Harper & Row.
　　　　　　　　Bosnak, R. (1997): *Christopher's Dreams*. Bantam Dell Pub Group.（岸本寛史訳（2003）：クリストファーの夢．創元社）
　　c）上記とは別に、ユング全集（ドイツ語版、英語版）からの引用については、引用箇所の末尾に、頁数ではなく、パラグラフ数を明記すること。（Jung, GW7, par. 28 あるいは Jung, GW7, §28）
Ⅸ　英文要約
12. 研究論文については，上記のほかに100～175語以内の英文要約と，3つのキー・ワードを添えて投稿すること。これらの投稿要領は次による。
　　a）英文要約（ABSTRACT）として，英語の論題と氏名・所属につづけて，要約を記述すること。
　　b）Key Words として，3種の英語をアブストラクト本文の2行下段に記載すること。
　　c）英文要約の邦文訳（400字以上450字以下），および邦語のキー・ワードをA4用紙1枚に記載して添えること。
　　d）英文は英語の専門家の校閲を経ていること。
Ⅹ　特別な費用が必要な場合
13. 論文の掲載に際して，印刷上特別の費用を要する事情が生じた場合は，当該投稿者が負担するものとする。
Ⅺ　投稿原稿の提出
14. 投稿原稿は，投稿原稿（正）とは別に，そのコピー2部（副），計3通をとりそろえ編集委員会宛に提出すること。コピーにおいては，氏名，所属，謝辞などを削除する。郵送の場合は必ず簡易書留によること。

『ユング心理学研究』バックナンバー
在庫僅少。お問い合せは一般社団法人日本ユング派分析家協会（AJAJ）事務局まで。
E-mail: infoajaj@circus.ocn.ne.jp　Fax: 075-253-6560

第1巻特別号……日本における分析心理学（2009）

- まえがき　　　　　　　　　　　　　　　　　　　　　　　　　川戸　圓
- 開会の辞　　　　　　　　　　　　　　　　　　　　　　　　樋口和彦

第Ⅰ部　基調講演　　　　　　　　　　　　　　　　司会・通訳：河合俊雄

- 笑いと沈黙（Laughter and Silence）　　　　　　　講師：ジェームズ・ヒルマン

第Ⅱ部　シンポジウム〈日本文化と分析心理学〉　　司会：川戸圓

- 『風土記』から『遠野物語』へ——河合隼雄の昔話論の導きのもとに　　赤坂憲雄
- 河合中空構造論と、権力と脱権力のあわい——トリックスター知の再考　鎌田東二
- 討論：赤坂憲雄 vs 鎌田東二

第Ⅲ部　シンポジウム〈日本における分析心理学と精神分析学〉　司会：伊藤良子

- 日本における精神分析学——劇的な精神分析　　　　　　　　　　北山　修
- 日本における分析心理学——日本人の意識の多層性、多様性、解離性　河合俊雄
- 討論：北山　修 vs 河合俊雄　　　　　　指定討論者：伊藤良子、武野俊弥

- 閉会の辞　　　　　　　　　　　　　　　　　　　　　　　　　横山　博
- あとがき　　　　　　　　　　　　　　　　　　　　　　　　河合俊雄

第 2 巻……ユングと曼荼羅（2010）

シンポジウム

- 基調講演「ユングと曼荼羅」　　　　　　　　　　　　　　　　　　　中沢新一
  討論—基調講演を受けて　　　　　　　　　　　指定討論者：河合俊雄・川戸圓

論　文

特別寄稿

- 深層心理学から見た華厳経（HUA YEN CHING）
  ——〔大方広佛華厳経（Buddhavatamsakanama-Maha-Vaipulya-Sutra）〕の宇宙
  　　　　　　　　　　　　　　　　　　　　　　　　　　　　　　　山中康裕

研究論文

- 「見えないもの」への名付けとしての〈異人〉
  ——柳田国男の『遠野物語』を手掛かりに　　　　　　　　　　　　　竹中菜苗
- 諏訪大社ミシャグジ儀礼に関する分析心理学的考察——上社大祝即位儀礼について
  　　　　　　　　　　　　　　　　　　　　　　　　　　　　　　　吉川眞理
- 動きつづける〈わたし〉と"賢者の石"の生成プロセス
  ——注意欠陥多動性障害の男子との箱庭療法　　　　　　　　　　　田熊友紀子

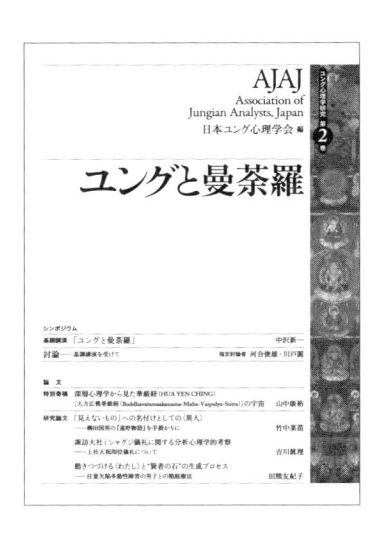

第3巻……魂と暴力 (2011)

シンポジウム

- 基調講演「暴力の由来」　　　　　　　　　　　　　　　　　山極寿一
  討論──基調講演を受けて　　　　　　　　指定討論者：河合俊雄・宮野素子

論　文

研究論文
- 個性化と多元的宇宙──ジェイムズ思想によるユング心理学再考　　小木曽由佳
- 幻獣のアクティブ・イマジネーション　　　　　　　　　　　　　中島達弘
- 出会いと別れの接点──末期がん患者との面接過程　　　　　　　西牧万佐子
- 軽度発達障害における『イメージと言葉の乖離』について　　　　渡辺あさよ

日本ユング心理学会編集委員会
委員長：河合俊雄
委　員：猪股剛・川戸圓・北口雄一・田中康裕・豊田園子

ユング心理学研究　第4巻
昔話と日本社会
2012年3月10日　第1版第1刷発行

編　者……………日本ユング心理学会
発行者……………矢　部　敬　一
発行所……………
　　　　　　　　株式会社 創 元 社
　　　　　　　　http://www.sogensha.co.jp/
　　　　本社　〒541-0047 大阪市中央区淡路町4-3-6
　　　　　　　　Tel.06-6231-9010　Fax.06-6233-3111
　　東京支店　〒162-0825 東京都新宿区神楽坂4-3 煉瓦塔ビル
　　　　　　　　　　　　　　　Tel.03-3269-1051
印刷所……………株式会社 太洋社

©2012, Printed in Japan
ISBN978-4-422-11493-4 C3311

〈検印廃止〉
落丁・乱丁のときはお取り替えいたします。

JCOPY　〈(社)出版者著作権管理機構 委託出版物〉
本書の無断複写は著作権法上での例外を除き禁じられています。
複写される場合は、そのつど事前に、(社)出版者著作権管理機構
（電話03-3513-6969、FAX 03-3513-6979、e-mail: info@jcopy.or.jp）
の許諾を得てください。

赤の書
THE RED BOOK
LIBER NOVUS

半世紀余の封印を経て、ついに解き放たれた幻の書。
ユング自身が体験した強烈なヴィジョン、
ユング思想の萌芽のすべてがここにある。

C・G・ユング［著］
ソヌ・シャムダサーニ［編］
河合俊雄［監訳］
田中康裕・高月玲子・猪股 剛［訳］

A3判変型・上製・456頁
特製化粧函入・特別仕様豪華本

定価 **42,000**円（税込）